奈良
こだわりの美食GUIDE
至福のランチ&ディナー

大和美食探究会 著

Mates Publishing

《奈良》こだわりの美食GUIDE　至福のランチ&ディナー〈目次〉

―奈良市エリア―

―奈良広域エリア―

NARA GOURMET

《はじめに》

青丹よし　奈良の都に　旨しぞ集う

明治から昭和にかけて活躍した文人の志賀直哉は、奈良をこよなく愛したひとり。大正14年から13年間、奈良の高畑に住み、その邸宅は文化人たちの集うところとなり、「高畑サロン」と呼ばれました。その直哉が、随筆『奈良』の中に記した「奈良にうまいものなし」という言葉はあまりにも有名。これが独り歩きして、80年以上経った今でも「奈良は食べ物がまずいところだ」という間違った認識をが生じてしまいました。

直哉は同じく『奈良』の中で、「とにかく奈良は美しいところだ。自然が美しく残っていて建築も美しい。そしてその二つが互いに溶け合っている点は、他に比べるものがない。今の奈良は、広大な平城京の一部分でしかないが、名画の残欠が美しいと同様に美しい」（筆者訳）と述べています。実は直哉のこの言葉が、奈良の食シーンを語るうえで、とても重要なものなのです。

日本の都は、飛鳥京、藤原京、平城京、長岡京、平安京、東京と変遷していきます。このうち、奈良県におかれた都は、飛鳥京、藤原京、平城京の三都で、その期間はおよそ５９２年から７９４年の２０２年間。７９４年以降は、長い年月を経て、田んぼや畑にかえっていきます。こうして、奈良は一部の大寺院を除き、美しい自然があふれる風土が占める地となったのです。

こうした土地から生まれた食材がまずいわけがありません。奈良の風土から、大和野菜、大和茶、吉野葛、素麺、日本酒、醤油、そして、大和牛、大和肉鶏、大和ポーク、アマゴ、アユなど、奈良を代表する食材が長い時間をかけて生まれ、育っていきました。

現在、奈良の食シーンはとても活気に満ちています。四半世紀前に、その食材の優秀さを知り尽くした奈良出身の料理人たちが修業先から戻り、種をまきました。その種を国内外で名声を受けた料理人たちが花を咲かせます。そして、現在、その後を追うように奈良ゆかりの若い料理人たちが、この地に腰を落ち着け、さらに実りのあるものへと真摯な姿勢で取り組んでいます。

本書に収録した美食どころは全部で54軒。奈良の歴史、風土、そして食材を心から慈しむ料理人たちのお店です。奈良にお住まいの方はもとより、観光や仕事で奈良を訪れた方は、ぜひともそうした料理人たちの気持ちを受け止めたうえで、美味しい奈良をお召し上がりいただきたい。

奈良広域マップ
Nara Map

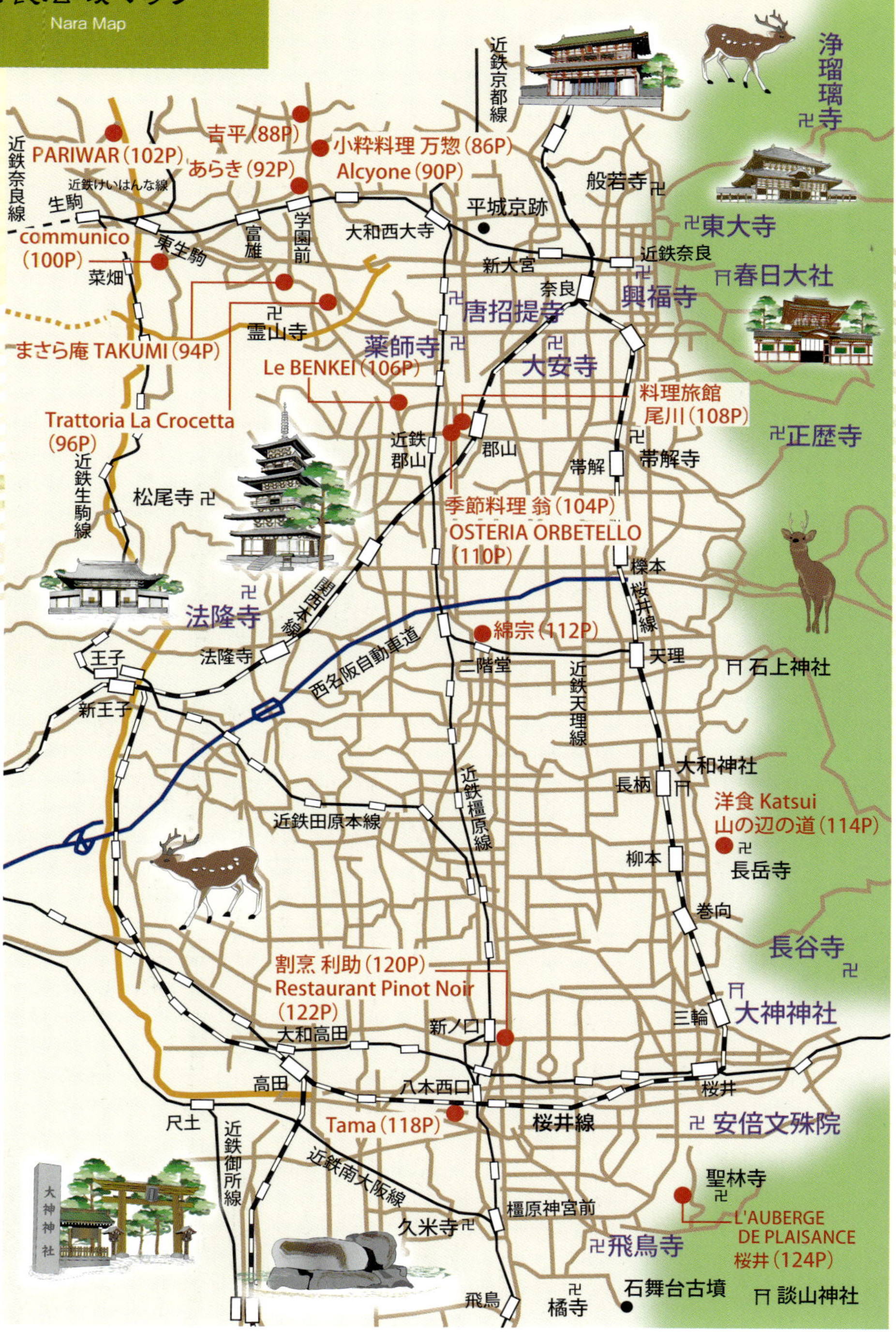

松籟～まつのおと～(54P)
東大寺
東大寺二月堂
Allez!! Le Trèfle (56P)
奈良女子大
手向山八幡宮
奈良
而今(50P)
初宮神社
la forme d'éternité (52P)
ビストロ中華へいぞう(58P)
鏡池
東大寺ミュージアム
La Terrasse
(66P)
きたまち
ce magasin (60P)
県立美術館
寧楽美術館
東大寺南大門
a kordu (64P)
奈良公園
奈良県庁
県庁東
氷室神社
近鉄奈良
Ristorante i-lunga (62P)
奈良春日野
国際フォーラム
Bistrot Le CLAIR (36P)
興福寺
奈良
国立博物館
大仏殿
チャイナダイニング飛天(40P)
味亭 山崎屋(46P)
一の鳥居前
RISTORANTE
L'Orchestrata
(68P)
懐石料理 かこむら(38P)
猿沢池
青葉茶屋
キッチン あるるかん(42P)
鹿苑
奈良ホテル
天ぷら 天仁(48P)
coto coto (30P)
浮見堂
ならまちnakamuraya (22P)
粟ならまち店(18P)
囲炉裏ダイニング
たなか(20P)
懐石料理 円(44P)
旧大乗院庭園
french o・mo・ya (26P)
割烹 まつ㐂
(14P)
中国料理 枋
(10P)
十輪院
肉懐石 冨久傳(28P)
超願寺
はり新(24P)
飛鳥小
称念寺
Bon appétit
めしあがれ(12P)
奈良教育大学
紀寺
Ristorante
L'incontro (16P)
奈良女子大附属
中等教育学院
東紀寺三丁目

奈良市中心マップ
Nara City Map

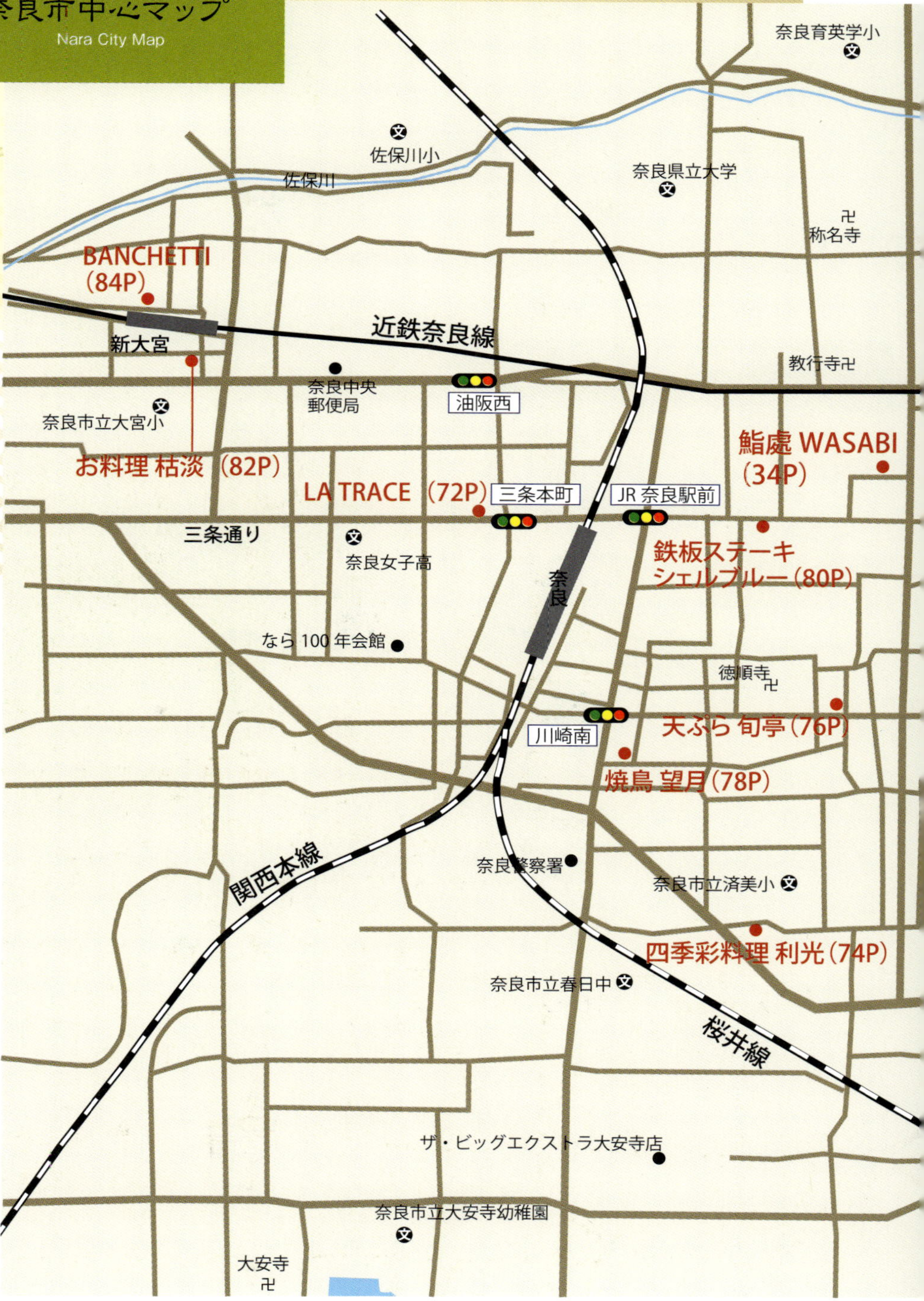

この本の使い方

|A|
おすすめの料理

|B|
おすすめのシーン

|C|
店名

◀出汁の上品さを味わえる椀物。お椀の具は卵くずどうふと十津川しめじ。主人が、骨董屋で選んだ器も見もの。

▲吉野の桜をあしらい、宵の花見の宴をイメージした雅で華やかな八寸。これから始まる食の宴への期待感を否応なしに盛り上げる演出が心憎い。

▲敷き詰められた石畳と前庭の前栽が美しい瀟洒な町家に店舗を構える。

▲土鍋で焚く、月替わりの炊き込みごはん。お米は、奈良のヒノヒカリを使う。春の一時は、人気の桜エビ。秋の焼きサバご飯も好評。魚介は、五島列島、淡路島からの直送ものと大阪鶴橋市場のものが中心。

MENU

◆ランチ

昼の懐石コース	5,000円

◆ディナー

夜の懐石コース	8,000円
夜の懐石コース	10,000円
夜の懐石コース	12,000円

（※料金は、すべて税別）

写真はすべて夜の懐石コース12,000円から。

◀板場と向かい合う4席のカウンター。主人の料理談義が聞ける特等席。

☎:0742-93-6222

住所:奈良県奈良市東城戸町16-1
アクセス:近鉄奈良駅から徒歩約10分
営業時間:11:30～12:30(L.O.)、17:30～19:30(L.O.)
定休日:日曜、第3月曜
カード:可
席数:18席（カウンター4席、テーブル6席、個室8席）
喫煙:完全禁煙
予約:完全予約
料金の目安:昼5,000円～、夜8,000円～
駐車場:なし
HP:http://kappou-matsuki.com

▼切り盛りするのは、主人の松室克哉さんと、奥様のかおりさん。

7

ランチ
ディナー

メイン料理の大和牛のすき焼き。赤身が多く、適度な霜降りの大和牛の旨味を味わうため、玉ねぎ、アスパラ、クレソンと、具材はシンプルに。炭火を入れた七輪にのせて供される。

《 ならまち 》

割烹 まつ㐂
かっぽう まつき

| 日本料理 |

シンプルな調理が素材の味わいを際立てる、
懐石料理

主人の松室克哉さんは、奈良の「川波」、大阪の「味吉兆」で料理人としてのキャリアを重ねた。そして、2017年3月に独立。晴れて、ならまちの一画に、『まつ㐂』をオープンした。

「日本料理の基本を大切に、シンプルな調理を心掛けること」。一見、何気ないこの言葉には、松室さんの料理に対する真摯さが表れている。修業先は、名店として名高く、供される料理は最高峰との誉れが高い。その料理を、さらなる高みに上げていくという覚悟だ。

「奈良は大好きな土地。できる限り奈良の食材を使いたい」。先輩たちの助言を受けながら、積極的に奈良の生産者たちを訪ね、仕入れ先を開拓。料理のジャンルを超えた料理人たちとの勉強会も欠かさない。それは、自らの料理を次のステージにまで高めるためだ。素材力を前面に出すことにより、食材の持つ魅力を存分に表現する。そんな、松室さんの姿勢が、繊細で端正な料理の味に結実。早くも、県内外の食通たちの支持を集めている。

6

|E|
メニューの抜粋

|D|
エリア

|F|
ミニマップ・電話番号

|G|
データ

※本書に掲載した情報は、2018年4月現在のものです。データ欄に記載されています情報、メニューの価格、料理の内容などは、予告なく変更になる場合があります。

※消費税、サービス料に関しましては、税別、税込、サービス料別などの記載をご参考ください。ただし、消費税、サービス料も予告なく変更になる場合があります。

※おすすめのシーンは、赤が最もおすすめ、オレンジはおすすめ、グレーが該当なしとなります。ただし、あくまでも編集部の基準ですので、目安としてご参考ください。

NARA GOURMET

奈良市エリア

地元、奈良市民はもとより、国内外から多くの人が訪れる。
比較的狭いエリアにさまざまなジャンルの名店が集中。
美食の都・奈良のいまを実感できる。

今にも踊りだしそうなイセエビを用いた、その名も鼓椒龍蝦。水槽から取り出した和歌山産のイセエビを豪快にさばき、鼓椒（トーチー）で炒める。鮮やかな朱色は、新鮮な天然もののイセエビの証。

《ならまち》

中国料理 杤

ちゅうごくりょうり とち

| 中国料理 |

メニューはおまかせコースのみ。ライブ感覚で味わうスペシャルな中華

主人の杤康憲さんは、京都の宇治で、13年にわたり中国料理店を営んだ後、22年前に『中国料理 杤』をオープンした。今でこそ、人気のならまちだが、当時は人通りもまばらな閑静なエリアだった。しかし、杤さんはその環境を気に入り、ここを次なるステージの舞台と定めた。

「オーダーメイドの中国料理」。『杤』のコンセプトを一言で表せばこうなる。「予約時にお客様から、じっくりと好きなもの、苦手なものなどをお聞きし、メニューを組み立てます」。この時点で、杤さんは、初めて食材選びを始める。市場に足を運び、満足のいく天然ものの魚介を仕入れる。野菜は、できる限り奈良近郊のもの、肉も大和牛や大和ポーク、大和肉鶏など地元のものを多く用いる。

そして、そうした厳選食材を、お客の要望に沿うかたちに料理で表現。すると、自然に中国料理の枠に嵌らない、創意に富んだ一皿が完成する。

昼夜各1組。自分たちだけに供される特別な料理は、舌の肥えた食通をも唸らせる。

▲ならまちの一画に、街並みに溶け込むようにひっそりと建つ。

▲一見すると一般の住宅のような入り口が、隠れ家的雰囲気を醸し出す。

MENU

◆ランチ

おまかせコース …… 20,000円
おまかせコース …… 15,000円
おまかせコース …… 10,000円
(※料金は、すべて税別・サービス料別)

写真はすべておまかせコース15,000円から。コースはおおよその目安として、フカヒレが入ると20,000円、伊勢海老が入ると15,000円、車海老だと10,000円。

▲ウニ、甘エビ、ホタテの刺身を、紹興酒を使ったソースでいただく、美味海鮮。ソースが新鮮な魚介の旨味を引き立てる。

▲奈良のブランド牛、大和牛を炒めた黒椒牛肉。大和牛のサーロインを黒い粒胡椒とオイスターソースで味付け、さっと炒め歯ごたえを残した奈良県野菜を添える。

▲町家の意匠を残した店内には、大人数に対応できるテーブル席もある。

▲オープンキッチンのカウンター席。厳選された食材を見事な料理に仕上げるライブショーが目の前で演じられる。

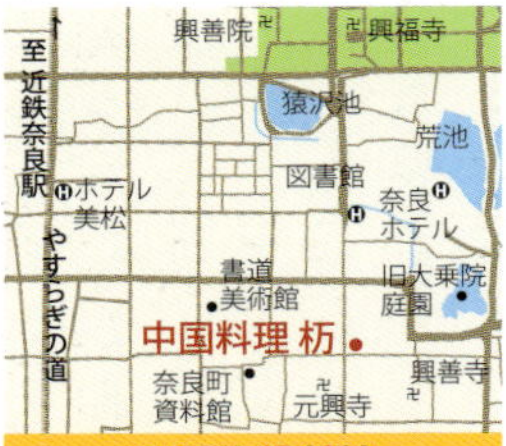

☎:0742-27-2600

住所:奈良県奈良市鵲町15-3
アクセス:近鉄奈良駅から徒歩約15分
営業時間:12:00〜14:00、17:00〜22:00
定休日:不定休
カード:可
席数:16席(カウンター6席、テーブル10席)
喫煙:可
予約:完全要予約(2〜3日前に要予約)
料金の目安:昼・夜10,000円〜
駐車場:4台
HP:http://www.to-chi.net

メインディッシュの鴨のロティ。噛みしめるほどに旨味が感じられる鴨はフランス産が多い。
ポトフ風に野菜のコンソメをかけまわす。付け合わせの野菜は、下北春まな、筒井レンコン、十津川エリンギ、ゴボウの素揚げなど。

《 ならまち 》

Bon appétit めしあがれ

ボナペティ メシアガレ

| フランス料理 |

ならまちフレンチのパイオニア的存在。伝統野菜を優しいフレンチで

「いつかは奈良らしい場所でお店を開きたかった」と、オーナーシェフの大西佳則さん。約6年間にわたるフランスでの修業を経て、1993年に富雄で独立を果たした。そうして、2007年、築90年の町家を再生して、ならまちに現在の『めしあがれ』をオープンした。

富雄時代には、畑と田んぼを借りて、お店で使う野菜の多くを自作していたという大西さん。ならまちに移ってからは、生産者との交流を深め、料理人仲間たちとともに、奈良本来の伝統野菜を啓蒙する活動も行っている。

大和野菜への愛情と造詣の深さから、いずれの皿にもたっぷりと野菜が盛られる。「本物の奈良の伝統野菜の旨味を味わっていただきたい」と、大和野菜の原種ともいえる、下北春まななどの希少な野菜も用いる。「安心な食材はもちろん、バターやクリームを控えた身体に優しいフレンチを実践しています」。奈良でフレンチを営んで25年。優しさ溢れる大西シェフのフレンチはしっかりとならまちに根を下ろしている。

▶彩りも美しいオードブルの盛合せ。無菌豚の自家製ハム、カニとホタテのテリーヌ、大峰鹿のパテなどの他に、自家製イカの塩辛、鳥羽の赤ナマコ茶振りなど和のテイストを加えた一品も盛り込まれる。

▼鰻の寝床と称される、奥に向かい縦長の町家の構造を活かし、テーブル席が設けられる。

▲室内には、古い町家の雰囲気に調和するアンティークな調度品が置かれる。

▲店内の通り庭には、カジュアルな雰囲気のカウンター席もある。

MENU

◆ランチ

コース ………… 2,800円

◆ディナー

コース ………… 5,000円～

（※料金は、すべて税別・サービス料別）

写真はすべてディナーコース8,000円から。

▲元興寺の塔頭十輪院の向かいに建つ古い町家を店舗とする。

住所：奈良県奈良市十輪院町1
アクセス：近鉄奈良駅から徒歩約17分
営業時間：11:30～15:00（L.O.）、18:00～21:00（L.O.）
定休日：月曜
カード：不可
席数：20席（テーブル20席）
喫煙：完全禁煙
予約：要予約
料金の目安：昼4,000円～、夜8,000円～
駐車場：なし
HP：http://www1.kcn.ne.jp/~appetit/

▼オーナーシェフの大西佳則さんと、パートナーの服部紀子さん。

メイン料理の大和牛のすき焼き。赤身が多く、適度な霜降りの大和牛の旨味を味わうため、玉ねぎ、アスパラ、クレソンと、具材はシンプルに。炭火を入れた七輪にのせて供される。

《ならまち》

割烹《かっぽう》 まつ㐂《まつき》

| 日本料理 |

シンプルな調理が素材の味わいを際立てる、懐石料理

主人の松室克哉さんは、奈良の「川波」、大阪の「味吉兆」で料理人としてのキャリアを重ねた。そして、２０１７年３月に独立。晴れて、ならまちの一画に、『まつ㐂』をオープンした。

「日本料理の基本を大切に、シンプルな調理を心掛けること」。一見、何気ないこの言葉には、松室さんの料理に対する真摯さが表れている。修業先は、名店として名高く、供される料理は最高峰との誉れが高い。その料理を、さらなる高みに上げていくという覚悟だ。

「奈良は大好きな土地。できる限り奈良の食材を使いたい」。先輩たちの助言を受けながら、積極的に奈良の生産者たちを訪ね、仕入れ先を開拓。料理のジャンルを超えた料理人たちとの勉強会も欠かさない。それは、自らの料理を次のステージにまで高めるためだ。素材力を前面に出すことにより、食材の持つ魅力を存分に表現する。そんな、松室さんの姿勢が、繊細で端正な料理の味に結実。早くも、県内外の食通たちの支持を集めている。

◀出汁の上品さを味わえる椀物。お椀の具は玉子くずどうふと十津川しめじ。主人が、骨董屋で選んだ器も見もの。

▲吉野の桜をあしらい、宵の花見の宴をイメージした雅で華やかな八寸。これから始まる食の宴への期待感を否応なしに盛り上げる演出が心憎い。

▲敷き詰められた石畳と前庭の前栽が美しい瀟洒な町家に店舗を構える。

▲土鍋で焚く、月替わりの炊き込みごはん。お米は、奈良のヒノヒカリを使う。春の一時は、人気の桜エビ。秋の焼きサバご飯も好評。魚介は、五島列島、淡路島からの直送ものと大阪鶴橋市場のものが中心。

MENU

◆ランチ

昼の懐石コース	5,000円

◆ディナー

夜の懐石コース	8,000円
夜の懐石コース	10,000円
夜の懐石コース	12,000円

（※料金は、すべて税別）

写真はすべて夜の懐石コース12,000円から。

◀板場と向かい合う4席のカウンター。主人の料理談義が聞ける特等席。

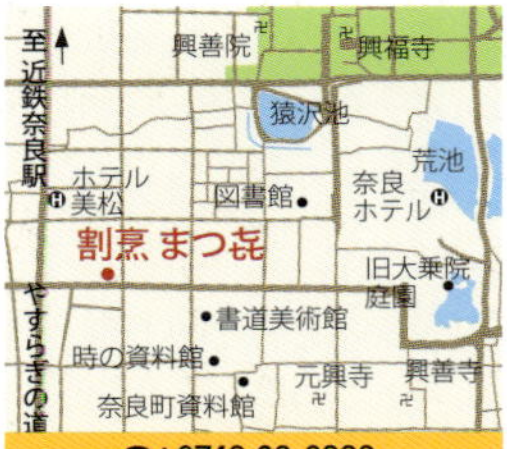

☎：0742-93-6222

住所：奈良県奈良市東城戸町16-1
アクセス：近鉄奈良駅から徒歩約10分
営業時間：11:30～12:30（L.O.）、17:30～19:30（L.O.）
定休日：日曜、第3月曜
カード：可
席数：18席（カウンター4席、テーブル6席、個室8席）
喫煙：完全禁煙
予約：完全予約
料金の目安：昼5,000円～、夜8,000円～
駐車場：なし
HP：http://kappou-matsuki.com

▼切り盛りするのは、主人の松室克哉さんと、奥様のかおりさん。

メインディッシュは、都祁村で獲れた鹿肉のロースト。オス鹿の内ももを10日間熟成して、うまみを引き出す。奈良県産の野菜と鹿の骨からとった出汁をベースにしたソースでいただく。

《 ならまち 》

Ristorante L'incontro

リストランテ・リンコントロ

| イタリア料理 |

信頼関係で結ばれた食材が紡ぎ出すイタリアン。ジビエも名物

「奈良は、とても恵まれた土地」と、目を輝かすオーナーシェフの西岡正人さん。シーズンになると、お店で出すジビエを調達しに、猟師として鴨などの野鳥を撃ちに猟に出る。市内から1時間ほどで猟場がある奈良は西岡さんにとって、まさに〝食材の園〟。「野獣や野鳥だけではありません。キノコや山菜にも恵まれています」。

店名は、イタリア語で「出会い」「巡り合わせ」の意味。その言葉通り、野菜も肉も、魚も、地元奈良はもとより、北海道から九州まで足を運び、生産者や猟(漁)師との出会い・結びつきを深めながら、仕入れを行っている。西岡さんの料理への情熱と食材への探求心は、衰えることを知らない。それを裏付けるように、生産者とのセッションは増すばかりだ。

「ならまちは、母の実家があり、幼いころ過ごした場所。そこでの出会いを大切にしています」。今日も、こぢんまりとした町家の空間には、全国から西岡さんの料理を楽しみに訪れた人々で活気があふれる。

▲本日の前菜。野性味あふれる、自家製の季節の加工肉の盛り合わせ。ホエー豚サラミ、牛生ハム、ホエー豚プロシュート、子猪皮付きハム、鹿肉テリーヌパテ、野生の鴨のレバーのペースト、鴨のもも肉のコンフィなど。

▲奥に向かって細長い町家の入り口を入ると、カウンター席が並ぶ。

▲お店の奥には、テーブル席があり、その奥は町家特有の坪庭がのぞめる。

▲パスタ料理は、奈良県産の春菊を練り込んだ、自家製生パスタ。北海道産のタラバガニ、芽キャベツ、ヒラタケの具に、自家製2年熟成のからすみをたっぷりとかける。

◀こぢんまりとした町家をリニューアル。平格子や虫子窓がしっかりと残されている。

MENU

◆ランチ

PRANZO A ……… 2,500円
PRANZO B ……… 4,000円
PRANZO C ……… 6,000円

◆ディナー

CENA A ……… 6,000円
CENA B ……… 8,000円
CENA SPECIALE ……… 10,000円

（※料金は、すべて税別）

写真はすべてディナーコース6,000円から。

☎：0742-26-8959

住所：奈良県奈良市薬師堂町9
アクセス：近鉄奈良駅から徒歩約20分
営業時間：11：30〜14：30、18：00〜22：00
定休日：水曜
カード：可
席数：20席（カウンター8席、テーブル12席）
喫煙：完全禁煙
予約：ベター
料金の目安：昼2,500円〜、夜6,000円〜
駐車場：なし
HP：http://crocetta.nara.jp/lincontro/

▼明るい笑顔で迎えてくれるスタッフの皆さん。左から2人目がオーナーシェフの西岡正人さん。

メインディッシュは、大和牛のリブロースと大和野菜の陶板焼き。鎌倉時代からその名を知られていたという大和牛は、赤身の味の濃さと脂がさっぱりしているのが特徴。お好みで、岩塩、ポン酢、金山寺味噌をつけて。

《 ならまち 》

粟 ならまち店

あわ ならまちてん

| 日本料理 |

大地の恵みを感じる大和の伝統野菜と食材で、心も体も健やかに

大和野菜を世に知らしめた立役者、『プロジェクト 粟』の代表三浦雅之さん。「奈良の食材を広く知ってもらいたい」という想いから、ならまちの築140年の町家をリニューアル。清澄の里や提携する農家で心を込めて育てられた大和野菜をはじめ、大和牛、大和の地酒など、奈良県産の卓越した食材を駆使した料理を提供する。

大和まな、ひもとうがらし、どいつ豆など、全国的にはあまり馴染みのない大和の伝統野菜たち。籠に盛られた大和野菜を手に満面の笑みを浮かべる店長の新子大輔さん。「店で使う野菜は実際に見てもらいます。よかったら生でも食べてみてください。とても甘いですよ」。

料理には常時30～40種類の野菜をふんだんに使う。どれも味が濃く、風味豊かで、滋味深い味わい。野菜本来の持ち味を味わってもらうため、味付けは、昆布、シイタケでとったシンプルな出汁が基本となる。そんな野菜たちとマリアージュされる大和牛などの食材もまたその持ち味がしっかりと伝わってくる。

MENU

◆ランチ

粟「収穫祭」御膳 ……… 2,900円

粟「大和牛と野菜」コース ……… 3,900円

◆ディナー

粟「田舎どりと野菜」の鶏鍋コース ………

3,900円（2名～）

粟「大和と世界の野菜」コース ……… 3,900円

（※料金は、すべて税別）

写真はすべて夜のメニュー、粟「大和牛と野菜」のディナーコース 5,000 円から。

▲大和牛と大和伝統野菜の籠盛。薄味の出汁で味付けされた大和まななどの野菜は素材そのものの味が際立つ。野菜の中で、大和牛のローストビーフがアクセントに。

▲通り庭も残され、伝統的な町家の構造がよく分かる。座敷の奥の間や蔵でも食事ができる。

◀色とりどりの野菜が美しい野菜の煮物。かぼちゃなどの野菜や粟ともち米の揚げ餅に本葛のあんがかかる。とろみのあるあんが野菜にからんで、やさしい味わい。

▲築 140 年の町家を改装。平格子や虫子窓などの設えが風情を醸し出す。

▲食事は、麦縄そうめん。つけ汁は白味噌。デザートは、奈良名産のイチゴとカヌレ。

☎：0742-24-5699

住所：奈良県奈良市勝南院町1

アクセス：近鉄奈良駅から徒歩約10分

営業時間：11:30～14:00（L.O.）、17:30～21:00（L.O.）

定休日：火曜

カード：可

席数：32席（椅子席6席、座敷26席）

喫煙：完全禁煙

予約：要予約

料金の目安：昼2,900円～、夜3,900円～

駐車場：なし

HP：https://www.kiyosumi.jp/naramachiten

▼明るく元気に迎えてくれるスタッフの皆さん。右から２人目が店長の新子大輔さん。

メインの特選黒毛和牛。吟味されためす牛のロースなど、異なった部位が盛り込まれる。
囲炉裏の中、備長炭で炙った和牛は、口の中で旨味が広がり、とろけるほどの柔らかさ。おろしたてのワサビで味わいたい。

《 ならまち 》

囲炉裏ダイニング たなか

いろりだいにんぐ たなか

| 肉料理 |

囲炉裏のある憩いの空間で味わう、黒毛和牛と大和の野菜

ならまちの中心、世界遺産元興寺と道を隔てた場所に、和とモダンが融合した存在感漂うお店がある。ここが、厳選した素材を店内に設えた囲炉裏で焼いて食すという趣向の『囲炉裏ダイニング たなか』だ。

昨今、大いに注目を集める奈良県産の野菜。主人の田中勇次郎さんは、いち早く、奈良の誇る大和野菜を見出した一人。地元農家と契約を結び、四季折々の滋味に富んだ野菜を仕入れてきた。その野菜を、最高級クラスの黒毛和牛や石川県の漁港から直送される日本海の鮮魚、さらに全国各地の選りすぐった干物とペアリング。優れた食材の魅力を素直に味わってもらいたいと、炭火で炙るというスタイルを導入。山海の幸の持つ、旨味と香りを引き出している。

人気の観光地とはいえ、奈良公園などに比べると、静かな空気が流れるならまち界隈。その中心で、どこか懐かしい囲炉裏を囲み、炭のはぜる音を聞きながら味わう炭火焼は、日常とかけ離れたひと時が過ごせると評判だ。

◀肉だけでなく、海鮮ものが味わえるのも囲炉裏焼の魅力。漁港直送の魚介は生でも食べられるほど鮮度が良い。

▲コースの最初に供されるのが、彩々と名付けられた前菜の盛合せ。季節の野菜、旬の魚介、生湯葉など、色鮮やかに盛り込まれる。

▲世界遺産元興寺とは、道1本を隔て、斜め向かいに位置する。

▲新鮮な野菜たくさんの田舎のとれたて野菜盛。地元大和高原の旬の有機野菜や農家の家庭用菜園で採れた野菜も盛り込まれる。食事のお米も大和高原のコシヒカリを使用する。

MENU

◆ランチ

ランチプレート ………… 2,000円
大和牛炙りコース ………… 5,000円

◆ディナー

囲炉裏コース（黒毛和牛・丹波どり） …… 5,000円
今宵コース（黒毛和牛・海鮮） …… 7,000円
雅コース（黒毛和牛・シャトーブリアンステーキ） ………… 10,000円
（※料金は、すべて税別）

写真はすべて夜の今宵コース7,000円から。

◀ガラス越しに庭を眺めながら囲炉裏を囲むと、時が経つのも忘れてしまいそう。

住所：奈良県奈良市鶴町6-11 カーサ奈良町
アクセス：近鉄奈良駅から徒歩約15分
営業時間：11:30～14:00（L.O.）、17:00～21:30（L.O.）
定休日：火曜
カード：可
席数：32席（カウンター5席、テーブル13席、座敷14席）
喫煙：一部可
予約：ベター
料金の目安：昼2,000円～、夜7,000円～
駐車場：なし
HP：http://irori-tanaka.com/

▲カウンター席もあるので、一人や少人数でも楽しめる。

北海道産仔牛のオッソブーコ、イタリア産白インゲン豆のズッパと。北イタリアの代表的な郷土料理で、骨付きスネ肉を煮込んだもの。スネ肉はほろりと柔らかい。ズッパとはイタリア語でスープのこと。

《 ならまち 》

ならまち nakamuraya

ナラマチ ナカムラヤ

| イタリア料理 |

バールとリストランテ。その日の気分に応じて、ワインと料理を

かつて花街として栄え、今もその名残を伝える町並みが残るならまちの一画に、美しく再生された町家がある。目を凝らすと、ガラス戸越しにカウンター、壁にはワインボトルが並んでいる。

オーナーシェフの中村耕平さんは、ジェノヴァやシエナなどでイタリア料理の研鑽を重ね、富雄にイタリア料理店を開いた。そうした中、ならまちの町家にめぐりあう機会を得て、バールとリストランテという2つのスタイルを展開するお店をオープンした。「奈良は、地元の方もいれば、観光客や外国人も多い。幅広いお客様に親しまれるお店を目指した」という中村さん。カジュアルなバール、フォーマルなリストランテ、英語とイタリア語を話せるスタッフも常駐する。

さらに、こだわったのがワインに力を入れること。バールでは気軽にグラスで、リストランテで、クラシックなイタリア料理とペアリングという楽しみ方ができる。気に入ったワインがあれば、2階のワインショップで購入できるのもうれしい。

▲大和肉鶏のインボルティーニ。ジャガイモのクレマと。中村さんが一番おいしいと自信の、柳生村で育てられた朝締めの鶏を使う。

▲3種の肉を詰めたトルテッローニ。牛、豚、鶏肉を煮込んで、手打ちパスタで包むイタリアの郷土料理。セージとバターのソースで。

▲デザートワインでマリネしたフォアグラと仔猪のテリーヌ、バローロのジュレと。猪は都祁村のもので、濃厚な猪を低温でスチームし、これも濃厚なフォアグラで巻き込む。

▲お店は、もちいどのセンター街から今御門町へ抜ける路地沿いにある。

▲お店の奥はリストランテ。黒で統一された落ち着いた雰囲気の中、イタリアの郷土料理を。

▲スタッフのみなさん。中央が、オーナーシェフの中村耕平さん。

MENU

◆ランチ

コース ………… 3,500円

◆ディナー

コース ………… 6,900円

◆バール

パルマ産生ハム ………… 700円

前菜盛り合わせ ………… 1,200円

（※料金は、すべて税別）

写真はすべてディナーコース 6,900 円から。

☎：0742-93-6577

住所：奈良県奈良市南市町8-1
アクセス：近鉄奈良駅から徒歩約7分
営業時間：11:30〜22:00くらい
定休日：無休
カード：可
席数：バール8席（テーブル4席、カウンター4席）、レストラン14席（テーブル14席）
喫煙：全席禁煙
予約：バールは可、レストランはベター
料金の目安：レストランは、昼2,800円〜、夜4,900円〜、バールは、1,000円〜
駐車場：なし
HP：http://nakamuraya-nara.jp/

ランチ
ディナー
バータイム

地鶏の飛鳥鍋。鶏だしに牛乳、白味噌で整えられた、まろやかな味わいが特徴。揚げ物は、大和まなの蕾の天ぷら。茶粥には、あられとはったい粉を薬味がわりに加える。

ならまち

はり新

はりしん

日本料理

由緒ある元両替商の屋敷で味わう、大和料理の粋を集めた会席

創業１４０年あまり。初代は、大和三道の一つ、上ツ道の柳生街道入り口で料理茶屋を商っていたという。『はり新』といえば、ならまち散策の観光客に人気を博す「かみつみち弁当」で知られる。しかし、１日１組に供される会席料理は、大和料理の粋を賞味できると、新たな名物になりつつある。

「大和の味を、じっくりと心行くまで味わっていただきたい。そのため、夜の会席は１日１組に限定させていただいています」と語るのは、6代目主人の中川健吾さん。全8品の料理には、すべて大和地方に関係の深い食材が組み込まれる。中でも、大和肉鶏を用いる飛鳥鍋は、大和を代表する郷土料理として、中川さんがコースに取り入れた。他にも、古代のチーズといわれる「蘇」や吉野の柿酢など、大和各地の味めぐりに、時の経つのを忘れそう。

上ツ道の繁栄を２３０年もの長きにわたり見てきた、元両替商の屋敷で味わう心づくしの料理は、きっと奈良滞在の忘れられない思い出になるだろう。

▲かつて、武士との商談に使われたという中庭に面した座敷。江戸時代の名残をとどめる。

▲囲炉裏の席は、襖を閉じれば個室になる。人気があるので早めの予約を。

MENU

◆ランチ

かみつみち弁当	2,980円
天麩羅御膳	1,600円

◆ディナー

ミニ会席	4,320円
会席料理	6,480円

（※料金は、すべて税込）

写真は一部を除き１日１組の会席料理6,480円から。会席は季節の前菜、飛鳥鍋、焼き物、揚げ物、茶粥、デザートなど全８品。

▲季節の前菜。味間イモの田楽、ピーナッツを吉野葛で練った若草豆腐、生麸の蒲焼、三色団子など。大和野菜や奈良の食材を彩りよく。吉野の柿酢は食前酒がわり。

▲お昼に人気の、かみつみち弁当。奈良の名物や地元の食材、旬の味覚を詰め込んだ松花堂弁当。

◀築 230 年の元両替商の屋敷を店舗とする。お店の前が上ツ道の出発点。

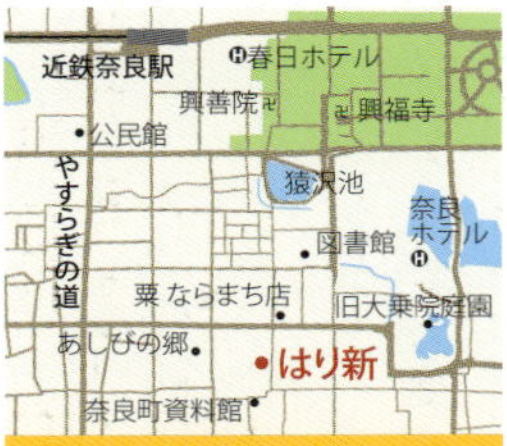

☎：0742-22-2669

住所：奈良県奈良市中新屋町15
アクセス：近鉄奈良駅から徒歩約12分
営業時間：11:30～14:30（L.O.）、18:00～20:00（L.O.）
定休日：月曜
カード：可
席数：34席（掘りごたつ式囲炉裏席8席、座敷26席）
喫煙：完全禁煙
予約：ベター、夜の会席は2日前までに要予約
料金の目安：昼3,000円～、夜5,000円～
駐車場：3台
HP：http://www.harishin.com/harishin/Top_page.html

▼いつもにこやかな笑顔で迎えてくれる、６代目店主の中川健吾さん。

お肉の皿は、和牛のロースト、赤ワインを煮詰めたソースと、トリュフのバターを添えて。
牛肉は、さっぱりとした赤身だが濃い旨味が感じられる。

《 ならまち 》

french o・mo・ya

フレンチ オモヤ

| フランス料理 |

町家の座敷で、お箸と
信楽焼の器でいただく創作フレンチ

伝統的な町家で、信楽焼の器を使った料理をお箸でいただくという独自のスタイル。一般に敷居が高いと思われがちなフランス料理だが、リーズナブルな価格で気兼ねなく、幅広い世代に楽しんでもらおうというのがコンセプト。そのため、ランチはバイキングスタイルで。

お店の建物は、江戸末期に建てられた廻船問屋の築160年の町家をリノベーションしたもの。「幅広い世代のお客様にくつろいで料理を楽しんでいただけたらうれしい」と語るシェフの中塚学さんは、フランスで修業した後、東京の有名ホテル、フランス料理店で腕を磨いてきた。

中塚さんは奈良のたたずまいの中で、奈良テイストのフレンチをという思いから、地元奈良とその近郊の新鮮な食材にこだわる。そうした素材を伝統的なフレンチの手法に和のテイストを加え、『o・mo・ya』流の一皿に。ゆったりと静かな空気が流れる雰囲気の中で、丁寧に手作りされたフレンチを味わえば、誰もが奈良時間に癒やされていく。

▲江戸末期に建てられたとされる元廻船問屋の邸宅をリニューアル。

▲魚料理は、マダイのミキュイ。新鮮なマダイを40度で50分ほどかけて、昆布だしで低温料理。微妙な火入れを施す。桜エビとバジルのソースでいただく。

▲手水鉢が置かれた中庭と蔵が美しい調和をみせる。

▲デザートのイチゴとヨーグルトのムースのグラチネ。卵黄と白ワインを使ったサバイヨンソース、フレッシュイチゴのソースを添える。

MENU

◆ランチ

ランチバイキング …… 2,500円
グラスワイン …… 300円～
生ビール …… 500円～

◆ディナー

コース …… 5,510円
アワビを使った料理 …… 2,500円
グラスワイン …… 600円～
ボトルワイン …… 4,000円～

（※料金は、すべて税込）

写真はすべて夜のディナーコース5,510円から

◀数寄屋造りの店内は、和モダン溢れる空間。どこからでも中庭を見渡せる。

住所：奈良県奈良市公納堂町11
アクセス：近鉄奈良駅から徒歩約20分
営業時間：11:30～15:30（クローズ）、
　　　　　17:30～22:00（クローズ）
定休日：月曜　カード：可
席数：54席（テーブル39席、掘り炬燵16席）
喫煙：全席禁煙
予約：ベター（週末は要予約）
料金の目安：昼2,000円～（バイキング）、夜5,510円～
駐車場：3台
HP：http://www.secondhouse.co.jp/nara.omoya.htm

▼シェフの中塚学さん。「幅広い年代にフレンチを楽しんでいただきたい」。

檜コースのメインは、最上級の大和牛のしゃぶしゃぶ。赤身に適度なサシが入った大和牛は、しゃぶしゃぶにしても絶品。食べたりなければ、単品での追加も可能。

《《 ならまち 》》

肉懐石《にくかいせき》 冨久傳《ふくでん》

| 肉料理 |

ならまちの旧邸宅で、最上級の大和牛やブランド豚のしゃぶしゃぶを

ならまちの中にあって、ことさらに風情が漂う福智院町界隈。その一画に佇む一軒の町家が、2017年6月にオープンした『肉懐石 冨久傳』だ。

店内に入ると、古風な外観とは対照的なモダンなカウンター席が現れる。余裕をもって設えられた9席には、それぞれに1つのIHクッキングヒーターが設置されている。「いろいろなお店が増えている奈良ですが、一人で気兼ねなく鍋を楽しめるのは、当店くらいだと思います」と、店長の松田史彦さん。

料理のベースは、最上級の大和牛やブランド豚のしゃぶしゃぶ。地元奈良県の農家が栽培した野菜もふんだんに、カツオ節と昆布で丁寧にとった特製だしでいただく。アラカルトもあるが、やはりコースで、彩りの美しい前菜やその日の一品と味わうのがおすすめ。カウンター席のある部屋の奥には、蔵を改装した隠れ家的な部屋があり、同じくIHクッキングヒーターが埋め込まれた2つのテーブル席がある。こちらは、ファミリーやグループで鍋を楽しむのに最適だ。

▲前菜盛り合わせ。メインに入る前に、お腹に負担がかからないよう、小さいポーションでという気遣いが感じられる。サルシッチャ、自家製スモークチキンなど、季節ごとに和と洋を盛り合わせる。

MENU

◆ランチ

冨久傳ランチ(大和牛と豚) ――― 2,700円
大和牛ランチ ――― 3,500円

◆ディナー

欅コース(ブランド豚) ――― 5,000円
楠コース(大和牛) ――― 7,000円
檜コース(大和牛・ミニステーキ) ――― 10,000円
(※料金は、すべて税別)

写真は一部を除き夜の楠コース 7,000円から。

▲これだけでもメインとなりうる箱入り野菜盛り。奈良の農家が育てた野菜を中心に、季節ごとにセレクトする。

▲蔵を改装した部屋にはテーブル席が設置されている。落ち着いた雰囲気の中、食事が楽しめる。

▶一人でも気兼ねなくしゃぶしゃぶが味わえるカウンター席。お酒は奈良の清酒、ワイン、焼酎と揃う。

▲最もならまちらしい情緒が漂う一画にある、奈良格子が美しい町家。

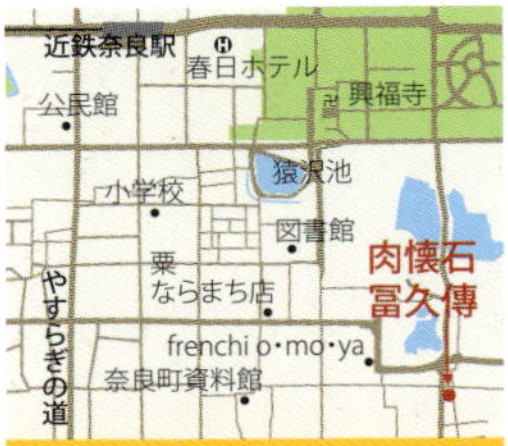

☎:0742-25-2910

住所:奈良県奈良市福智院町31
アクセス:近鉄奈良駅から徒歩約20分
営業時間:12:00〜14:00(L.O.)、17:00〜20:30(L.O.)
定休日:水曜
カード:可
席数:19席(カウンター9席、テーブル10席)
喫煙:全席禁煙
予約:ベター
料金の目安:昼3,000円〜、夜7,000円〜
駐車場:なし
HP:http://fukuden-nara.com

▼「地元の方も、観光の方も、気軽に立ち寄ってください」と、店長の松田史彦さん。

彩り野菜 冷製のバーニャカウダ。季節の野菜を心行くまで味わって欲しいと、大根だけでも、味一番、紅甘味、紅芯大根など。他に、からし菜、わさび菜、水菜などがお皿いっぱいに並ぶ野菜を堪能できる。

《 ならまち 》

coto coto

コトコト

| 創作料理 |

大和の伝統野菜と大和の食材をカフェ感覚で、手軽にいただける

奈良の伝統野菜や世界の希少な野菜を種から育てる『プロジェクト 粟』が、『粟 ならまち店』に続いてプロデュース。もっと気軽に伝統野菜を味わって欲しいとの願いから、カフェ形態での出店となった。

「歴史や寺社に詳しく、奈良に何回も来ている人でも、奈良の伝統野菜をご存じでない人は、結構いらっしゃいます」と語るマネージャー。『コトコト』で使用する野菜は、『清澄の里 粟』の自家菜園で、その旨味がピークに達したのを見極めて収穫されたものばかり。

ランチは、そうした野菜をメインに、さらに、ディナーには、野菜に大和牛や大和肉鶏などをペアリングしたコースを設定。野菜本来の素材の持ち味を生かすため、シンプルな調理と薄めの味付けが施される。初めて口にした人の多くは、その際立つ香りや瑞々しさに目を見張るそう。「奈良の伝統野菜を通じて、新しい奈良を伝えていく場所になっていければと思っています」。ヘルシーだけどエネルギッシュな伝統野菜に脱帽！

▲前菜の３種盛り合わせ。伝統野菜の大和まなのフリット、木綿豆腐南蛮漬け、ジャガイモ（ノーザンルビー、レッドムーン）の玉子焼き。

▲メインディッシュのガランティーヌ。鶏の挽肉、ナッツをハーブやスパイスを効かせ、包んで蒸し焼きにする。ソースは、バルサミコ、ガーリックオイル。レンコンやピクルスなど豊富な野菜が付け合わせに。

▲地域のコミュニティー施設、奈良市ならまちセンターの１階にある。

▲大きなガラス張りの明るくて開放的な店内。

▶ 11:30 ～ 16:30（L.O.）の間は、カフェとしても利用できる。

◀奈良の伝統野菜の情報コーナーとしても機能する。

MENU

◆ランチ

ランチコース ………… 1,800円

プレートランチ ………… 1,200円

◆ディナー

Aコース（スタンダード） ………… 2,400円

Bコース（大和肉鶏） ………… 3,500円

Cコース（大和牛） ………… 4,600円

（※料金は、すべて税別）

写真はすべてランチコース1,800円から。

☎：0742-22-6922

住所：奈良県奈良市東寺町38
アクセス：近鉄奈良駅から徒歩約8分
営業時間：11:00～17:00（ランチL.O.14:00、カフェL.O.16:30）、
18:00～22:00（ディナーL.O.21:00、ドリンクL.O.21:30）
定休日：火曜、日曜夜　カード：可
席数：40席（テーブル40席）
喫煙：完全禁煙
予約：ディナーは要予約、ランチはベター
料金の目安：昼1,200円～、夜2,400円～
駐車場：なし
HP：https://www.kiyosumi.jp/cotocoto

【コラム】

飛鳥・奈良時代の食卓

貴族、役人、庶民の食べていたもの

弥生時代から身分の差が生じ、飛鳥・奈良時代からはそれが顕著になってきます。天皇（大君）、皇族、貴族、役人、庶民といった身分に分かれ、それがストレートに食生活に反映されてくるのです。

飛鳥・奈良時代の高貴な人々がどのような食事をしていたかが分かる資料があります。それが、平城京の長屋王邸跡から出土した大量の木簡です。長屋王は、奈良時代初期の政治家。天武天皇の孫で、役職は左大臣。今でいえば、内閣総理大臣の要職にあった人です。

ある日の夕食は、海産物を中心に30もの皿が並ぶ豪勢なものでした。ハマグリ、アユ、サザエ、アワビ、マダイなどの高級食材を、煮たり、蒸したり、焼いたり、刺身にしたりして食べていました。中には、イノシシやシカの干し肉も登場します。果物のデザートやお酒も付きます。好みで塩、酢、酒、醤、鰹の煮汁といった調味料で味をつけて食べていました。資料によると夏の時期は、お酒をオンザロックで飲んでいたというから驚きですね。

【貴族の食事】
奈良時代の貴族（五位相当）の食卓。
海産物にお酒、デザート。

【蘇】
高級貴族が好んだ珍味、蘇。牛乳を
煮詰めてつくったチーズのようなもの。

【役人の食事】
奈良時代の役人（六位以下）の食卓。
イワシや野菜がメイン。

【庶民の食事】
奈良時代の庶民の食事。重労働に
耐えられないのがうなずける内容。

長屋王は、天皇に近い貴人です。王のライバル藤原四兄弟（不比等の子）のような高級貴族もおそらくは同じような内容の食事をしていたと思われ、その下の貴族たちは、それよりも皿数の少ない食事であったと推測されます。では、一般の役人はどうかというと、主食は玄米で、副食はいわしの煮付け、かぶの酢の物、みそ汁、きゅうりの塩漬け、調味料の塩、それに、お酒が付きました。早朝から夜遅くまで勤務した彼らは、こうした食事の他に、おやつの支給も受けていたようです。

さて、気になるのは一般庶民。彼らの食事は弥生時代とあまり変わらず、一汁一菜が基本でした。玄米に塩、わかめなどの海草の汁、茹でた青菜や山菜程度が副菜でした。彼らは、朝から晩まで政府の推奨する耕作に従事していたため、栄養不足で倒れることもあったそうです。その対策として、1日3食をとるようになったといわれています。

【コラム】
奈良の食文化探訪

1

奈良漬

NARADUKE

奈良土産として人気の奈良漬は、実はとても古い歴史を持つ漬物。奈良時代初期に活躍した朝廷首班の皇族長屋王の邸宅跡から「加須津毛瓜」と記された木簡が発見された。「加須津毛瓜」とは、粕漬のウリのことで、当時は清酒ではなく、どぶろくであったため、容器の底にたまった沈殿物に野菜を漬け込んだものと思われる。主に、身分の高い人たちの高級な保存食であったようだ。

歴史上に奈良漬の名前が初見されるのは、戦国時代のこと。記録を見ると、室町、安土桃山時代は、高級品として、進物に使われていたらしい。そして、江戸時代のはじめに、奈良中町筋に住む医師の糸屋宗仙がシロウリの粕漬を奈良漬として売り出した。

こうして、江戸時代を通じて奈良漬は、上流の公家、武士から庶民にいたるまで親しまれる漬物となった。それは、奈良が酒どころとして知られていたこともあり、南都諸白から生まれる良質な酒粕に負うところが大きかったと考えられる。

▲最もポピュラーなウリの奈良漬。

▲『山崎屋本店』の店頭にはさまざまな奈良漬が並ぶ。

2

吉野葛

YOSHINOKUZU

夏の和菓子や日本料理など、どんな食材とも相性が良く、幅広く使われる吉野葛。葛はマメ科のツル性植物で、古くはその花の美しさが愛でられ、『古今和歌集』の紀貫之など、幾多の詩歌で詠まれてきた。そして、素材としても、花・茎・根とすべての部位が利用できる有益な植物だ。花は薬草として、秋の七草のひとつに数えられ、茎からは葛布がつくられ古くは衣服などに加工された。

そして、冬の時期、根にたっぷりと蓄えられた澱粉を採取したものが本葛粉。極寒の時期、根を細かく砕いて地下水にさらし、澱粉をもみだしては灰汁を抜くという精製作業を繰り返した末に、約2ヶ月間、自然乾燥させて吉野本葛ができあがる。もとより、栄養素が高く、身体に吸収されやすく、身体を温める効果があるといわれ、吉野の山伏たちが貴重な食材として持ち歩き、全国に広がった。本葛粉は、非常に粒子が小さいため、繊細で滑らかな食感が特徴。奈良では、和菓子の他、胡麻豆腐やうどんなどの料理に使われている。

▲吉野本葛の老舗『森野薬園』の吉野葛。

▲吉野葛を用いた人気メニューのくずきり。

丁寧に仕事が施された鮨ネタ。やや小ぶりに握られた鮨は、色合いも美しい。
左上から時計回りに、コハダ、玉子、マグロの赤身、芽ねぎ。

《近鉄奈良》

鮨處 WASABI

すしどころ わさび

| 鮨 |

静かな環境の中で満喫。女性の鮨職人が握る本格的江戸前鮨

「にぎりだけで満足いただけるお店にしたかった」。料理をコースの中に組み込み、にぎりとともに提供する鮨屋が主流を占める中で、店主のあだち真緒さんはきっぱりと言い切る。その想いは、東京銀座の「鮨處やまだ」の山田裕介さんとの出会いで確固たるものになったという。鮨職人としての考え方、仕事の仕方に深い薫陶を受けたからだ。そうして、2年前に12年間にわたり鮨店を営んでいた東生駒から現在地へ移転した。

あだちさんの握る鮨はやや小ぶり。そして、清楚さと繊細さを感じさせる。その根底には師である父から教えられた「品」と「粋」を大切にするという考えが流れているようだ。

魚介は、毎朝自ら大阪の鶴橋市場へ出向き、仕入れ、鮨ネタに仕上げる。鮨とは本来、仕事を施すことにより魚をうまくするもの。それを当たり前のように実践しているわけだ。「当店の鮨は、にぎりそのものが、おつまみになります」。店主がすすめる日本酒とともに、ゆったりと味わいたい。

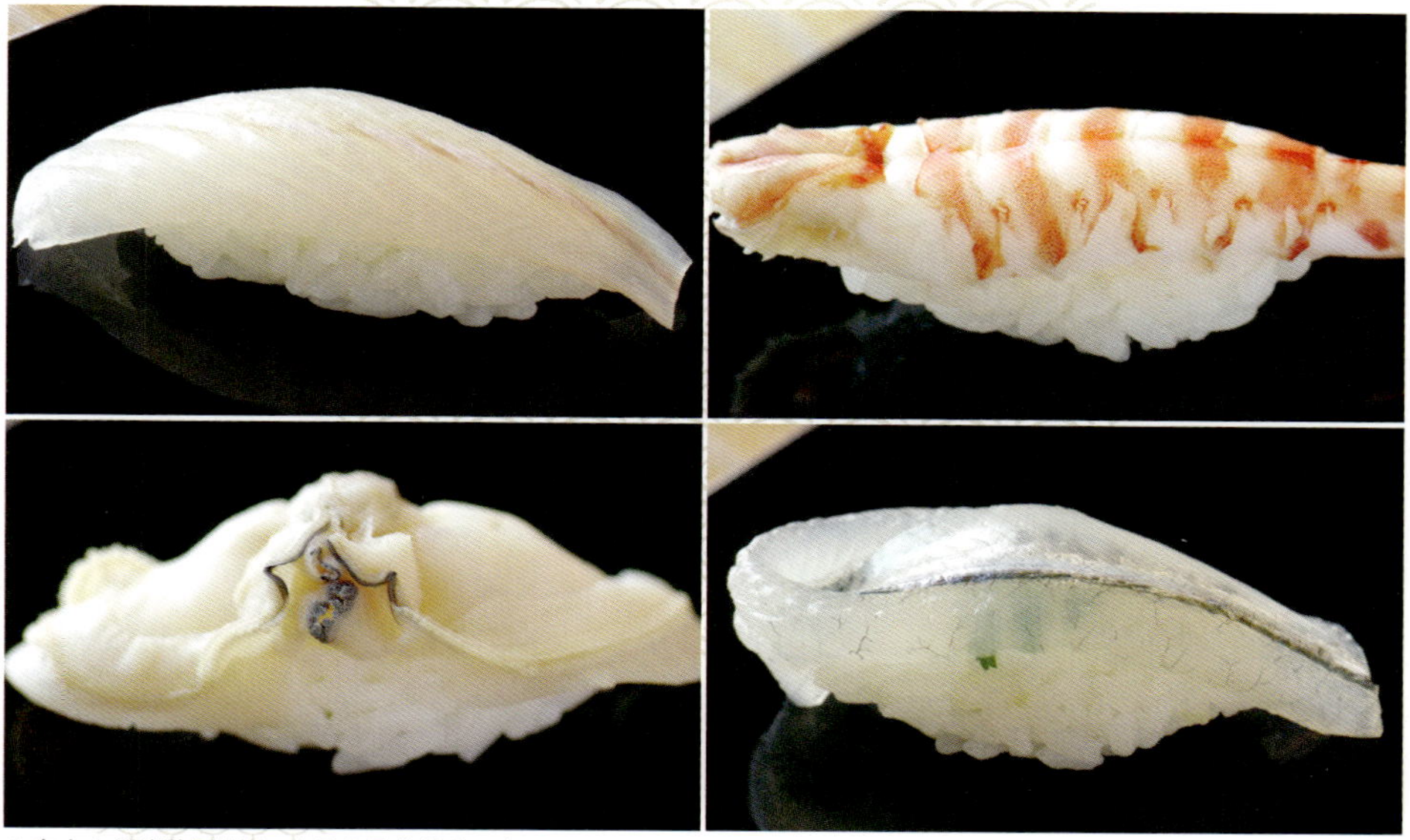

▲左上から時計回りに、キスの昆布締め、クルマエビ、サヨリ、煮ハマグリ。すべてに江戸前の仕事がなされるが、キスなど関西の鮨店らしいネタもうれしい。

▶眩いばかりのネタケース。握る直前に包丁を入れるスタイルは、魚介に対する丁寧さと愛情を感じさせる。

MENU

◆ランチ
お昼の特別コース……2,900円、3,500円、4,800円、7,500円

◆ディナー
おまかせコース……7,500円、10,000円、12,000円
（※料金は、すべて税別）

写真はすべて夜のおまかせコース7,500円から。

◀檜の香りが清々しい店内。お客同士の会話を邪魔しないためBGMは一切流さない。自慢のカウンターは欅の一枚板。

▲入口の暖簾をくぐり、通り庭を歩き店内へ。これから味わう鮨への期待感が否応なく高まる。

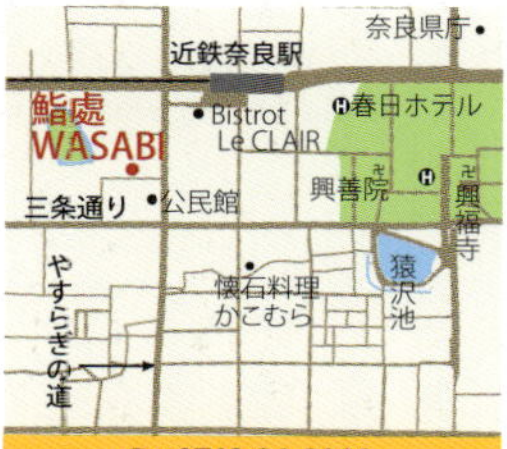

☎：0742-24-3900

住所：奈良県奈良市林小路町39
アクセス：近鉄奈良駅から徒歩約3分
営業時間：11：00〜14：00、16：00〜21：00（入店）
定休日：不定休
カード：可（ランチは不可）
席数：15席（カウンター9席、個室6席）
喫煙：完全禁煙
予約：ベター（ランチは前日要予約）
料金の目安：昼3,500円〜、夜7,500円〜
駐車場：なし
HP：https://ja-jp.facebook.com/wasabi.since.2003

牛ほほ肉の赤ワイン煮込み。ブルゴーニュ地方の伝統料理にしてワインとの相性も抜群。
どこまでも柔らかい牛ほほ肉の下には、オレンジ色のニンジンのフォンダンが。

《 近鉄奈良 》

Bistrot Le CLAIR

ビストロ ル・クレール

| フランス料理 |

地元に根付いた、スローフードなフランス料理をワインとともに

昨今のフランス料理は、バターやクリームなどを極力使わないさっぱりとした味が好まれているという。奈良のフレンチシーンを鑑みると、大和野菜を始めとする優良な素材が整っているためか、やはりシンプルな方向へとシフトしているようだ。しかし、どうだろうフレンチの王道をゆく調理を行う料理店を懐かしく思うのは・・・。

そんな伝統的なフレンチを、それもビストロという気軽な雰囲気で楽しめるのが、『ビストロ ル・クレール』だ。開店以来、すでに20年という歳月を経ても、足しげく通うファンが多い。

階段を降りると、フランスプロバンス地方の山手をイメージしたという空間が現れる。奥にはオーナーシェフでありソムリエでもある吉崎公浩さんが収集した約５００種というワインを貯蔵するカーヴとワインバーが佇んでいる。そこは、まるでプロバンスの夜に紛れ込んだよう。伝統を守りながらも新しい趣向を取り入れたフレンチと吉崎さんおすすめのワインのペアリングを楽しみたい。

▲フォアグラのソテー、パルメザンチーズ入りリゾットとともに。濃厚な鴨のフォアグラとパルメザンチーズがたっぷり入ったリゾット。ともに味わうと不思議にさっぱり。

◀近鉄奈良駅からすぐ。ここからお店のある地下に下りていく。

▲隠れ家的な雰囲気が漂う、プロヴァンス地方の山の手をイメージしたという店内。

▲前菜のオマールエビと洋梨のコンポートのサラダ仕立て。オマールエビのコクとフレッシュな洋梨の香りが際立つ一皿。

▶店の奥に設えられたワインバー。カウンターの前にはワインカーブがある。

MENU

◆ランチ
コース ……… 4,000円
コース ……… 6,000円

◆ディナー
コース ……… 6,000円
コース ……… 10,000円

◆ドリンク
グラスワイン ……… 1,200円
ボトルワイン ……… 7,000円
（※料金は、すべて税別・サービス料別）

写真はディナーコース6,000円、10,000円から。

☎：0742-27-6060

住所：奈良県奈良市高天町48 森田ビル地下1階
アクセス：近鉄奈良駅から徒歩約1分
営業時間：12:00～14:00（L.O.）、18:00～22:00（L.O.）
定休日：木曜
カード：可
席数：20席（テーブル14席、個室6席）
喫煙：全席禁煙
予約：完全予約制
料金の目安：昼6,000円～、夜10,000円～
駐車場：なし
HP：なし

▼オーナーシェフの吉崎公浩さん。正統なフレンチの中に遊び心をプラスした料理で人気。

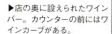

季節の八寸。一寸豆のうま煮、黒豆のおきな和え、フグの皮、とろ湯葉、イイダコ、
利休麩辛子煮などが彩りよく、かわいらしい器に盛り込まれる。

《 近鉄奈良 》

懐石料理 かこむら

かいせきりょうり　かこむら

| 日本料理 |

新鮮な魚介と地元野菜で
表現する懐石料理

奈良の有名料亭で、10年にわたるキャリアを積んだ店主の水主村敏彦さん。修業中から懐石料理の美意識に魅了され、独立後に隠れ家的な懐石料理店をオープンした。実家が広島県で漁業を営んでいることから、子供の頃から魚に触れる機会が多かったという。それは、はからずも魚を見る目を養うことに結びついた。

『かこむら』の献立は、趣向の月替わりコースのみ。実家から送られてくる新鮮な魚をはじめ全国から厳選した魚介を中心に、地元奈良の野菜を織り交ぜてもてなす。自慢の魚たちは、丁重に手間をかけ、独自の工夫を施して、一皿、一皿に散りばめられる。

「奈良は素敵な観光地です。美味しいものもたくさんありますので、もっと足を運んでいただければ」。と水主村さん。そして、「新鮮な魚介と地元野菜を基本にしながら、新しい趣向を取り入れた料理をどんどん展開していきたい」と、その抱負を語る。その誠実な姿勢は、繊細で端正な料理に結実している。

▲飲食店が入るビルの２階、奥のコーナーにある隠れ家的なお店。

▲お椀は、ハマグリの蕪蒸し。千葉県銚子産のハマグリを使い、カブをすりおろしてハマグリと和える。

▲落ち着いた雰囲気の個室は、特別な日の食事会に最適。

▲白魚のころも揚げ。島根県宍道湖産の白魚、一寸豆をころもで揚げる。春の素材が際立つ。

MENU

◆ランチ

コース	3,800円
コース	5,800円

◆ディナー

コース	5,800円
コース	8,200円
コース	11,000円
コース	13,000円

（※料金は、すべて税込）

写真はすべて３月の趣向の夜のコース5,800円から。

◀包丁さばきなど、店主の卓越した仕事を身近に見られるカウンター席。

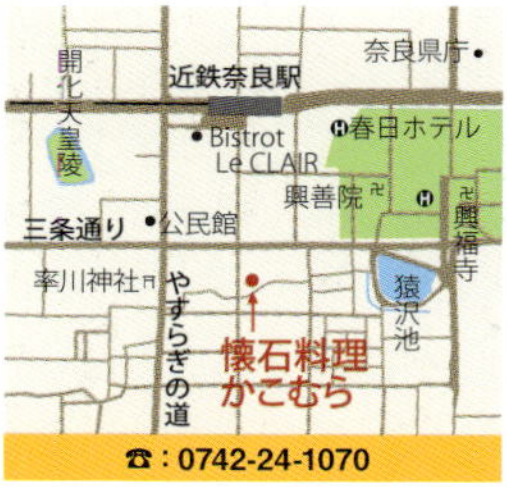

住所：奈良県奈良市角振新屋町10 パーキング奈良2階
アクセス：近鉄奈良駅から徒歩約5分
営業時間：12:00～14:00（入店）、17:30～20:30（入店）
定休日：水曜
カード：可
席数：24席（カウンター8席、テーブル4席、座敷12席）
喫煙：全席禁煙
予約：ベター（昼は前日までの予約）
料金の目安：昼3,800円～、夜5,800円～
駐車場：なし
HP：なし

▼懐石料理店らしい、風情を感じさせる入り口。

大和ポークの黒酢のミルフィーユ酢豚 980 円。奈良のブランド豚、大和ポークのバラ肉で、山芋を巻き、長期熟成させたコクのある黒酢を絡ませた、一番人気の一皿。ボリュームがありながら、あっさりとした味わい。

《 近鉄奈良 》

チャイナダイニング 飛天

ちゃいなだいにんぐ ひてん

| 中国料理 |

中国の一流厨師が腕を振るう奈良らしい中華、ビーガンメニューも評判

現在地で約30年、奈良県内の中国料理店として、古い歴史を持ち、関西の中華好きからは、奈良に『飛天』ありと、知られる存在だ。

気軽さが持ち味の中国料理ではあるが、中国から一流厨師を招いて、手づくり点心や一品料理のクオリティの向上を図るとともに、新たな趣向を取り入れたメニューの創作にも余念がない。「世界に誇るべき中国料理ですが、懐石やフレンチなどと比べると、低く見られる傾向があります。当店の料理で、中華の素晴らしさを再確認していただきたい」と店長の灰藤茂祐さん。地元奈良の食材を用いたメニューの他、菜食主義（ビーガン）に則った、動物性の食物を一切使用しない中国素菜料理も展開。野菜好きやヘルシー志向の人々から喜ばれている。

「近ごろは、外国の方も多くなりました。宗教的に食べられないもの、アレルギーや好き嫌いなど、なんでも気軽におっしゃってください」。四半世紀以上にわたり、奈良の人々のお腹を満たしてきた中華をご賞味あれ！

▲エビとホタテ貝柱のXO醤炒め980円。プリプリのエビ、ホタテ貝柱、イカの海鮮を、魚介と相性の良いXO醤で炒める。ししとう、しめじなどの野菜が彩を添える。

▲自家製胡麻たっぷりの担々麺900円。四川料理の代表格。自家製胡麻ペーストで、まろやかな辛味。

◀繁華街の東向き通りのほぼ中央にある。1階は、系列の麺類専門店で、2～3階が店舗。

▲奈良漬けと高菜、ちりめんじゃこのチャーハン920円と焼き餃子450円。チャーハンの奈良漬けは、炒めることにより特有の酒臭さが弱まり、食べやすくなる。自家製の皮の歯ごたえがよい餃子は、多くの人がオーダーする人気メニュー。

MENU

◆ランチ

飛天ランチ ……… 980円

飲茶ランチ ……… 1,280円

◆ディナー

口福コース ……… 2,500円(2名～)

エビのオリジナルマヨネーズ
ソース巣ごもり作り ……… 950円

本日の前菜5種盛り合わせ ……… 1,350円

(※料金は、すべて税別)

写真はすべてアラカルトメニューから。

◀アジアのリゾートにあるチャイナレストランをイメージした店内。夜はカーテンで仕切られ、1テーブル毎に個室になる。

住所：奈良県奈良市東向南町26
アクセス：近鉄奈良駅から徒歩約3分
営業時間：平日11:00～15:00(L.O.)、17:00～21:30(L.O.)、
土日祝11:00～21:30(L.O.)
定休日：無休　カード：可
席数：150席(テーブル80席、座敷70席)
喫煙：一部可
予約：可
料金の目安：昼1,000円～、夜3,000円～
駐車場：契約駐車場2台
HP：http://hiten-co.jp/index.html

▼店長の灰藤茂祐さん(左)と、中国からの調理スタッフ。

主にアンガス牛を使う、牛サーロインステーキ 200g 2,200 円。多くの人がオーダーする人気メニューで、350g の大仏ステーキ 3,500 円はシェアして楽しむことも。柔らかくてジューシーなのは、肉質もさることながら、焼き方にコツがあるそう。

《 近鉄奈良 》

キッチン あるるかん

きっちん あるるかん

| 洋食 |

手作りをモットーに親子で切り盛り。昔ながらの洋食がうれしい

もちいどのセンター街を歩くと、山小屋を思わせる建物が目に飛び込んでくる。オーナーシェフの中尾好市さんは、「菊水楼」に料理人として勤務。38年前に独立して大和郡山市に洋食店をオープン、15年前に現在地へ移った。店名は、若い頃に好きで遊びに行ったフランスのアルル地方に由来する。

「基本となるブイヨンをはじめ、すべてが手作りです」と中尾さん。冷凍物や既製食材は、頑なに使わない。そんな姿勢は2代目の智一さんにも受け継がれ、「これぞ、本物の洋食」と訪れる地元ファンが多い。メニューは、コースの他、アラカルトが肉料理を中心に、魚介のフライやムニエル、シチュー、カレーと多彩に揃う。ワインは、フランスを中心に、赤・白・スパークリングと厳選したものを揃えている。

オードブルに、ワイングラスを傾ける常連さんや大きなステーキを頬張る男性客に混じり、観光客とおぼしき女性の姿も。今日も、山小屋風の店内には、ほのぼのとした空気が満ちている。

▲名物のオードブル盛合せは、2,000円〜。季節により内容が異なる。この日は、ヒラメのカルパッチョ、合鴨のロース和風仕立、ゴルゴンゾーラチーズのカナッペ、生ハム、ホタテ貝柱とエビフライ、スモークサーモン。

▲テーブル席とカウンターが並ぶ。奥には20名が利用できるパーティールームがある。

▲もちいどのセンター街に面した山小屋風のお店。

▲本日の魚料理。ヒラメ、ホタテ貝柱、エビのソテー、バターソース1,800円。バターソースをまとったたっぷりのほうれん草と酸味のきいたトマトがアクセントに。ワインにもご飯にも合う一皿。

◀ゆったりとしたカウンターは、お一人様の特等席。

MENU

◆ランチ

牛フィレのステーキランチ125g	1,800円
牛サーロインのステーキランチ180g	2,500円
ハンバーグステーキランチ	1,300円

◆ディナー

おすすめコース	4,000円
ほろ酔いセット	2,500円
フルコース	6,500円

(※料金は、すべて税別)

写真はすべてアラカルトメニューから。

☎:0742-24-1344

住所:奈良県奈良市餅飯殿町31-2
アクセス:近鉄奈良駅から徒歩約10分
営業時間:11:30〜14:00(L.O.)、17:00〜21:00(L.O.)
定休日:不定休　カード:不可
席数:22席(テーブル16席、カウンター6席、別にパーティールーム)
喫煙:全席禁煙
予約:要予約
料金の目安:昼1,300円〜、夜2,500円〜
駐車場:なし
HP:http://www.tomo0211.com

▼オーナーシェフの中尾好市さん(右)と、2代目の智一さん。

8年物のウリの奈良漬けを具にした細巻き。季節のお造り。桜ダイ、甘エビ、こごみ。
イワシのつくね入りの桜蒸し。奈良の地酒や豊富に揃う自家製果実酒とともに味わいたい。

《 近鉄奈良 》

懐石料理 円

かいせきりょうり えん

| 日本料理 |

口福なひと時を感じる。奈良の産物を組み込んだ懐石料理

主人の平野照明さんは、京都、北陸、奈良と和食一筋に研鑽を重ねてきた。そうして、下御門通りのならまちにほど近いビルの2階に、奥様と切り盛りする隠れ家的な懐石料理店をオープン。

以来、良心的な価格と気さくな人柄から、地元から観光客まで幅広く支持され、今年で開店31年目を迎えた。ちなみに、店名の「円」は、「縁」(えにし)から名付けたという。

「場所柄もあって観光客など遠方からたくさんの方がいらっしゃいます。せっかく奈良に来られたのであれば、奈良らしいものを味わっていただきたい。そして、地元の方には、奈良の美味しいものを再認識していただけたら」と平野さん。料理には、大和野菜をはじめとする地元で採れる露地ものの野菜、さらには、奈良漬けを細巻きの具にしたり、酒粕を天ぷらにしたりと、奈良の食材をたくみに取り入れる。食事として供されるのは、奈良名物の茶粥。奈良のよき素材で構成された献立を締める口福な一椀だ。

◀大和野菜を中心とした宝楽焼。甘唐辛子、十津川のしめじ、宇陀ごぼう、十津川の鹿肉など。

▲春の前菜。豆腐の味噌漬けを中心に季節の品々を美しく盛り付ける。

▲コースの締めは、ほうじ茶で炊く茶粥。自家製ユズを巻き込んだ干し柿と香の物。

▲大和豆、干し柿、イチゴ、酒粕と奈良の誇る食材を天ぷらに。

MENU

◆モーニング

野菜たっぷり朝ごはん ……… 650円

◆ランチ

松花堂 ……… 1,600円～

◆ディナー

奈良の膳 ……… 3,240円

ミニ懐石 ……… 5,400円

奈良づくし ……… 7,560円

(※料金は、すべて税込)

写真はすべて夜のコースの奈良づくし7,560円から。

◀自宅の庭で摘んだ草花やアンティークの着物が飾られた店内。

住所:奈良県奈良市下御門町38 御門ビル2階
アクセス:近鉄奈良駅から徒歩約7分
営業時間:8:00～10:00、11:30～14:00、17:00～21:00
定休日:木曜、不定休
カード:不可
席数:14席(テーブル14席)
喫煙:完全禁煙
予約:ベター
料金の目安:朝650円、昼1,600円～、夜3,240円～
駐車場:なし
HP:http://yen-kaiseki.com/

▼ご主人の平野照明さん。奈良の料理について教えてもらおう。

奈良の伝統食、茶粥が味わえる茶粥御膳 2,160 円。茶粥は、ほうじ茶とこぶ茶のブレンドで炊く。若竹煮、菜の花と桜エビのお浸し、焼き魚などが盛り込まれた八寸、自家製わらび餅などが付く。

近鉄奈良

味亭《あじてい》 山崎屋《やまざきや》

郷土料理

地元にも観光客にも親しまれる 奈良漬けの老舗で、郷土の味を

奈良のメインストリートとして、賑わう東向き通りに重厚な店構えをみせるのが、明治初期創業の奈良漬け店『山崎屋 本店』だ。うり、きゅうり、すいか、なすなど、伝統の奈良漬けが並ぶ店頭の奥に、直営の食事どころである『味亭 山崎屋』がある。

1984年に若草国体が開催されたのを契機に、創業時から使われていた蔵を店舗として新装した。高級木材を使用した店内は、奈良らしく和の情緒があふれ、表通りの喧騒をよそに、静かな空気が流れている。

「地元の方も、観光の方も、皆さんに親しんでいただけるよう、奈良にゆかりの料理をお手ごろな価格で提供しています」と、専務取締役の井上雅央さん。手軽な御膳から会席料理まで、昼夜共通の多彩なメニューが揃う。中でも、奈良の郷土の味、茶粥が味わえる「茶粥御膳」は観光客に人気。夜は、料理長が腕を振るう「山崎膳お会席コース」を楽しみに訪れる地元客も多い。いずれの料理にも、伝統の味、奈良漬けのテイストが加わる。

▲奈良の料理満載の吉野御膳1,350円。柿の葉寿司、三輪素麺を使ったにゅうめん、自家製わらび餅、奈良漬けの盛合せ。

▲お酒のおつまみに人気の奈良漬けクリームチーズ540円。

MENU

◆ランチ・ディナー

猿沢コース	4,150円
飛火野コース	6.050円
料理長おまかせコース	3,250円
寧楽御膳	1,450円
鯛めし御膳	1,680円
洋風くずし	1,600円

（※料金は、すべて税込）

写真はすべて昼夜共通のアラカルトメニューから。

▲高級木材を惜しみなく使った店内は、奈良らしい和の情緒があふれる。

▲『山崎屋 本店』の店頭から石畳を進むと、奥に『味亭 山崎屋』の玄関がある。

▲1階は観光や買い物時の食事に。2階はお祝い事や宴会に最適。

住所：奈良県奈良市東向南町5 井上ビル1階
アクセス：近鉄奈良駅から徒歩約6分
営業時間：11:15～20:00（L.O.）
定休日：月曜
カード：可
席数：114席（1階・テーブル78席、2階・座敷40席）
喫煙：全席禁煙
予約：可
料金の目安：昼1,000円～、夜2,000円～
駐車場：なし
HP：http://ajiyama.com

▲奈良漬けを求めに、地元客や観光客で賑わう『山崎屋 本店』。

アスパラ、トマト、新生姜、鳴門金時、活クルマエビ、蜘蛛手。鳴門金時は、ブランド芋の松重美人。
ねっとりとした甘さとホクホクさが際立つ。蜘蛛手は、クルマエビの頭を揚げたもので、カリッとした食感が心地よい。

《近鉄奈良》

天ぷら 天仁

てんぷら てんじん

| 天ぷら |

高級割烹の確かな技術が活きる、軽くて、ヘルシーな天ぷら

奈良の誇る割烹『つる由』の天ぷら専門店。本店の主人河田仁紀さんは、叔父の経営する金沢の有名料亭「つる幸」で、研鑽を重ねた熟練の料理人。そのもとで、修業を終えた料理人が、確かな技法で揚げ手を務める。

注目すべきは、素材である新鮮な魚介や野菜の風味、色彩を生かす天ぷら。透明な太白胡麻油をベースに、数種類の油をブレンドした揚げ油を用い、素材により、温度の異なる複数の鍋を使う。こうして揚げられた天ぷらは、品よく、サクッとした軽い仕上がりが特徴。コースに含まれる20種類ほどを、食べ進めても、もたれることなく、スッとお腹におさまる。ヘルシーな太白胡麻油は、カロリーが気になる世代でも安心だ。

天ぷらに用いる食材は、『つる由』が厳選し、全国から仕入れているもの。さらに、お造りなど天ぷら以外の料理は、すぐ近くの本店で、調理したものを運んでいる。奈良の割烹文化の一端を天ぷらという料理を通して感じる、そんな心躍るひと時を。

▲コースの締めとして供される天茶は、かき揚げと大葉がのる。本わさびを添えて、さっぱりと。この他に、天丼も選択できる。

▲天つゆの他に、抹茶塩やカレー塩、レモンなど、天ぷらの具によりお好みで。

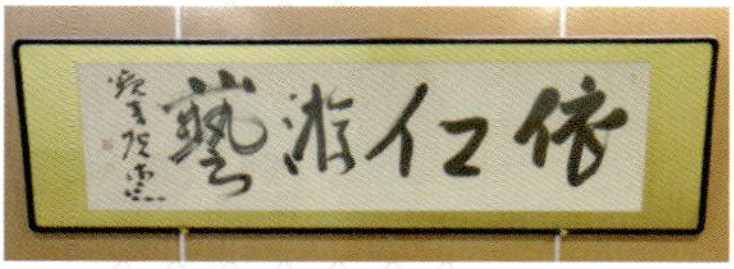

▲名店『つる由』の精神が行き届く。

▲一枚板のカウンター12席のみ。揚げ手の職人と対峙する空間は凜とした雰囲気が漂う。

MENU

◆ランチ

天ぷら定食	2,000円
梅	2,500円
椿	5,000円

◆ディナー

若菜	4,000円
椿	5,000円
紅葉	6,000円

（※料金は、すべて税別）

写真はすべて夜の椿コース5,000円から。

◀お店は、もちいどのセンター街の南端、ならまちの北の入り口にあたる。

住所：奈良県奈良市下御門町35
アクセス：近鉄奈良駅から徒歩約10分
営業時間：11:30〜14:00（L.O.）、16:00〜20:30（L.O.）
定休日：月曜
カード：可
席数：12席（カウンター12席）
喫煙：全席禁煙
予約：可
料金の目安：昼3,000円〜、夜6,000円〜
駐車場：なし
HP：なし

▲暖簾をくぐると、季節の生け花が迎えてくれる。

氷を削った器に盛られたお造りは、ヒラメ、ハリイカ、本マグロ。主人が毎朝大阪鶴橋市場で目利きした天然もののみを用いる。イカとマグロには包丁による繊細な手法が光る。

《 きたまち 》

奈良 而今

なら にこん

| 日本料理 |

日々進化を目指す懐石料理で、一躍奈良の大人気店に躍進

「「にしかわ」で学んだことは多いですね。中でも、責任のある仕事を任せてくれたことが今日につながっています」。主人の清水唱二郎さんは、「菊水楼」を皮切りに、「祇園にしかわ」では、大将の西川正芳さんの右腕として経験を重ねた。そうして、2016年9月に独立、生まれ故郷の奈良に『而今』を開店した。

献立は、昼、夜、それぞれおまかせのコースのみ。そこには、「にしかわ」から味を引き継いだ定番の鯖寿司や旬魚の炭火焼きを用いる炊き込みご飯が入る。しかし、時には鯖寿司のシャリに柿の葉を混ぜ込むなど、オリジナリティを表現する。

清水さんに目指すスタイルを尋ねると「ただただ、美味しいものを出したいだけ」という答えが返ってきた。奈良にいながら、あえて奈良一色に染まらないのはそのため。『而今』という店名は、禅語で「まさに今、この時」という意味。日本料理を突き詰めるため、日々研鑽を重ねるという清水さんの真摯さが読み取れる。

▶『祇園にしかわ』からその味を引き継いだ名物の鯖寿司。シャリの中に細かく刻んだ柿の葉を混ぜ込み、柿の葉で包んで奈良らしさを演出する。

▼おくどはんを使い土鍋で焚く、炊き込みご飯。鰹節とトウモロコシの芯で出汁をとり、精米したての富雄のヒノヒカリを炊く。トウモロコシ、ミョウガをのせ、備長炭で焼いた甘鯛をのせる。

▲店内は、水屋や網代天井など数寄屋風の造りで、清々しさが感じられる。

MENU

◆ランチ

おまかせコース ………… 5,000円

◆ディナー

おまかせコース ………… 12,000円

(※料金は、すべて税別)

写真はすべて夜のおまかせコース 12,000円から。

▲カウンターの奥、板場の一画にはおくどはんが設えられている。

▲お店の外観。美しく整えられた前栽には、灯篭や手水鉢が配される。

☎:0742-31-4276

住所:奈良県奈良市鍋屋町3
アクセス:近鉄奈良駅から徒歩約5分
営業時間:12:00〜13:00(入店、木・金・土のみ)・18:00〜20:30(入店)
定休日:日曜(祝日の場合は月曜)、最終月曜
カード:可(昼は不可)
席数:19席(カウンター9席、テーブル6席、座敷4席)
喫煙:完全禁煙　予約:要予約(昼は半年前から)
料金の目安:昼6,000円〜、夜15,000円〜
駐車場:なし
HP:https: //naranikon.com/

▼店主の清水唱二郎さん。名店で 15 年の研鑽を重ね、独立を果たした。

パテ・アンクルート1,700円。小鳩、ホロホロ鳥、ウサギの背肉、フォアグラなどにイチジクなどを詰めたテリーヌをパイ生地で包み焼きにしたパテ。ワインによく合う人気メニュー。

《 きたまち 》

la forme d'éternité

ラ・フォルム・ド・エテルニテ

| フランス料理 |

昼はコース、夜はビストロ。奈良に新しいフレンチスタイルを

「コース料理にとらわれることなく、みんなでワイワイと食事やワインをシェアして楽しめるフレンチがあってもよいのでは」とオーナーシェフの永野良太さん。

「トゥールダルジャン」などパリの名店で腕を磨き、大阪『エテルニテ』で、洗練されたフレンチを展開してきた永野さん。実は、マダムの靖枝さんともども奈良生駒の出身。そんなお二人が、独立10年目にして故郷奈良に開いたお店が、昼は予約制のコース料理、夜はアラカルトのビストロという新たなスタイル。

「地元の人々との触れ合いを大切にしながら、気軽なビストロの楽しさを知ってもらえたら」と靖枝さん。

奈良県とその近辺の食材を駆使してつくるフランス郷土料理には、豪快さの中に繊細さと鮮やかさが調和。シェフの確かな腕が光る一皿とマダムおすすめのワインで、至福のディナーが楽しめる。フランスで本場のビストロを体感したご夫婦だからできる、奈良の夜を一層楽しくしてくれるお店だ。

▲樹齢600年の欅を素材としたテーブルが店内の温かみを演出。

▲和歌山 福鴨の鴨もも肉のコンフィ2,900円。奈良に近い和歌山県産の真鴨を使用。

▲近鉄奈良駅の北、庶民的な花芝商店街で目を引くモダンな外観。

▲シュークルート1,700円。アルザス地方の郷土料理で、具材はフランス産発酵キャベツ、ジャガイモ、自家製ソーセージ、ベーコン。

MENU

◆ランチ

コース	4,800円

◆ディナー

その日の鮮魚のお料理	2,100円
榛原牛ほほ肉のブッフ・ブルギニヨン	3,100円
五條　泉澤農園さんのばーく豚のポトフ	1,800円

(※料金は、すべて税別)

写真はすべてディナーのアラカルトメニューから。

◀デザートのクレームブリュレ・ニンジンのグラス1,200円。奈良県産黒豆と黒糖を用いたクレームブリュレは、季節によって素材が変わる。

住所:奈良県奈良市花芝町7-2 松村ビル1階
アクセス:近鉄奈良駅から徒歩約3分
営業時間:12:00～13:00(L.O.)、18:00～21:00(L.O.)
定休日:月曜、第1・第3日曜
カード:可
席数:20席(テーブル18席、カウンター2席)
喫煙:完全禁煙
予約:ランチは完全予約制、ディナーはベター
料金の目安:昼4,800円～、夜8,000円～
駐車場:なし
HP:http://www.restaurant-eternite.com/

▼右から2人目がオーナーシェフの永野良太さん。3人目がマダムの靖枝さん。

飛鳥時代に中国の僧により伝えられたとされる飛鳥鍋1,800円（2名～）。牛乳ベースの出汁に、春鹿酒造の酒粕、白味噌で奈良らしさを加える。鶏肉、野菜は地元のものを使用。最後は、飛鳥古代米でリゾットに。

《 きたまち 》

松籟～まつのおと～

しょうらい～まつのおと～

| 鍋料理 |

創意工夫が施された料理を味わい、喧騒を忘れて奈良時間に浸る

奈良女子大学のすぐ北側、静かな空気が流れる一画にひっそりと建つ瀟洒な町家。「築80年の商家を約4ヵ月かけて、自分でリノベーションしました」と語るのは、オーナーシェフの松本剛さん。大学で建築学を学び、大工の経験もあるという異色の料理人だ。

大阪で10年にわたり飲食店を営んだ後、大好きだという奈良に待望の町家を手に入れた。店名は、中庭に聳える樹齢300年という松の木から名付けたとのこと。みごとな枝を揺らす古都の風を感じながら、中庭を眺めていると時の経つのも忘れそう。夜になるとライトアップされ、幻想的な雰囲気に包まれる。

一年を通じて夜のメインは、松本さんが独自の工夫を施した鍋料理。飛鳥地方の郷土料理である飛鳥鍋。春鹿酒造の酒粕を加え、奈良らしさを演出するとともに、素材の風味も引き立たせる。他にも、もつ鍋や寒い時期のぼたん鍋もおすすめ。アラカルトも豊富に揃い、ワインや日本酒も充実。1階ではバータイムも楽しめる。

MENU

◆ディナー

雲丹と醍醐のココットオムレツ ―― 700円
かきの冷製 ―― 650円
松籟玉子サンド ―― 850円
鯖の燻製炙り ―― 500円
アンチョビのポテトサラダ ―― 500円
（※料金は、すべて税別）

写真はすべてディナーのアラカルトメニューから。

▲ぼたん鍋5,000円。猟の師匠から卸してもらう、西吉野の猪を使用。柿の実を食べて育ったという猪は脂の乗りも上々。

▲2階座敷の奥にある中庭を見下ろす2人席。晴れた日や夜間ライトアップ時の特等席。

▲酒肴6種の盛り合わせ2,000円。醍醐と明太子の春巻き、大吟醸酒粕漬けのクリームチーズ、筍甘煮天ぷらなど、奈良の食材や季節のものを盛り込む。

▲町家ならではの急な階段を上った2階の座敷。入り口付近にも個室がある。

◀閑静な町中に佇む、築80年の商家をリノベーション。

▼オーナーシェフの松本剛さん。歴史、アウトドア好き。山岳ガイドや猟師の資格ももつ。

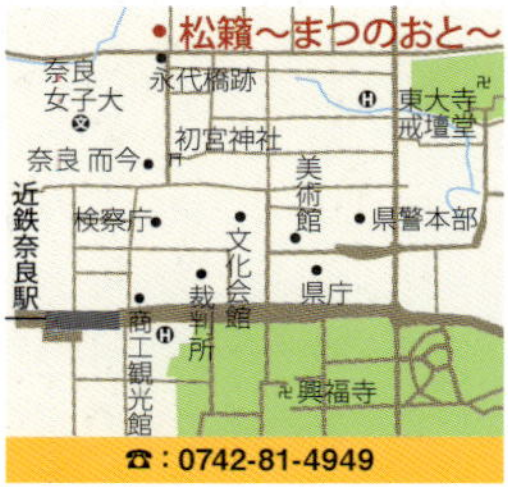

住所：奈良県奈良市北袋町18-1
アクセス：近鉄奈良駅から徒歩約7分
営業時間：鍋と酒17:00～22:30
　　　　　喫茶（土日祝のみ）13:00～17:00
定休日：不定休　カード：不可
席数：25席（座敷・個室25席）
喫煙：禁煙（1階バーのみ可）
予約：要予約
料金の目安：夜4,000円～
駐車場：なし
HP：https://ja-jp.facebook.com/matsunooto/

おまかせ前菜の盛合せ 1,000 円。ワインに合う季節のオードブルを尾持さんが選ぶ。
この日は、鶏の砂肝とハートのコンフィ、根菜のカポナータなど。それぞれの単品メニューもある。

《 きたまち 》

Allez!! Le Trèfle

アレ!!ル トレッフル

| ワインバー |

豊かな味わいのワインを厳選。希少な国産ワイン専門バー

関西のフレンチを中心に約20年、ソムリエとしてのキャリアを積んだオーナーの尾持由洋さん。10年ほど前、熊本のワイナリーがつくった白ワインを飲んで、大きな衝撃を受けたという。これを契機に、国内ワイナリーの行脚を開始、本場フランスやイタリアのワインに負けない、国産ワインが多いことを知ることになる。

「日本のワイナリーは、ほとんどが小さなマーケット。現地で消費され、広く知られることが少ない。それならば…」。こうして、自ら厳選した日本ワインを揃える専門バーをオープンした。壁の棚にずらりと並ぶボトル。北海道から九州まで50種類、200本ほどが常備されている。「すごく豊かな味のワインばかり。日本国内のブドウでつくっているので、日本人の舌にも、和食にもよく合います」。

昨今、目を見張る進化を続ける日本のワイン。尾持さん手づくりのワインに合う料理とのペアリングを楽しみながら、奈良の夜にワイン談義の花を咲かせるのも粋なものだ。

▲壁に設えられた棚には、50種類ほどの国産ワインのボトルが並ぶ。

▲おすすめのワイン。左から岩手ウッディファーム（白）、山梨旭洋酒メルロー（赤）、奥出雲ワインソービニオンブラン（赤）、小樽OSA WINERY。どのワインも、豊かな味わい。

▲席はカウンター12席のみ。夜の早い奈良において、貴重なワインバー。

◀季節野菜のキッシュ。フランス、アルザス・ロレーヌ地方の伝統的な郷土料理。春野菜の風味が、卵、チーズと調和。

MENU

◆ディナー

奈良の地鶏と豚肉の熟成テリーヌ	900円
牛ほほ肉のシンプルなMBA赤ワイン煮込み	1,200円
ボトルワイン	3,900円～
グラスワイン	600円～

（※料金は、すべて税込）

写真はすべてアラカルトから。

◀店名の「アレ!!」はフランス語で「がんばれ」の意味。国内ワイナリーとお客様へのエールだとか。

☎：0742-20-0660

住所：奈良県奈良市北袋町32-5
アクセス：近鉄奈良駅から徒歩約20分
営業時間：15:00～23:00（L.O.）
定休日：水曜、不定休
カード：不可
席数：12席（カウンター12席）
喫煙：全席禁煙
予約：ベター
料金の目安：夜3,500円～
駐車場：なし
HP：https://www.facebook.com/AllezLeTrefle2014

▼オーナーソムリエの尾持由洋さん。「日本ワインを新しい産地としてとらえ、いろいろ試していただければ」。

九州をはじめ全国の漁港から、その日に届いた魚でつくる、おまかせのMIXカルパッチョ1,580円～(2人前)。
この日は、新鮮この上ないサワラ、寒ブリ、キンメダイ、メバル、アカガイ、マグロを厚めに切り、それぞれ異なったソースで味わう。

《 きたまち 》

ビストロ中華 へいぞう

びすとろちゅうか へいぞう

| 中国料理 |

全国から届く、安全・安心の食材を卓越した料理で表現する

「日本各地の漁師から、新鮮な魚介が届きます。それを見てから料理を決めるので、毎日メニューが変わるのです」とマスターの丸石功さん。テーブルに置かれた手書きのメニューには、〝今夜のおすすめ〟と記された料理がぎっしりと書き込まれている。魚介も、季節により異なるが、「甘鯛」「松葉ガニ」「さくらます」などの各地の良質な高級素材が並ぶ。

この道30年という丸石さんは、7年前に独立、きたまちの一角に『ビストロ中華 へいぞう』を開店した。そして、「主役はあくまで料理。作り手は、陰の存在でいい」というスタンスのもと、普段使いのできる中国料理を提供。

「日本の魚介はとても素晴らしい。旬の魚の良さを生かすため、中華を基本にしながらも素材によっては和や洋の技法やスパイスを交えることもあります」。

四川をベースに、丸石さんの感性が織りなす料理は、魚介だけでなく、肉も、野菜も、本来の持ち味が素直に伝わってくるから不思議だ。

▲ハモの天ぷら梅肉甘酢あんかけ 880 円。中国料理の甘酢あんかけに、ハモに合う和の梅肉をエッセンスとして加える。奥は、ビールに合う四川風ごまだれゆで餃子 490 円（5 個）。

▲レギュラーメニューの四川麻婆豆腐。5段階の辛さがお好みで選べる人気メニューで 800円～。プラス 210円でチーズトッピングができる。

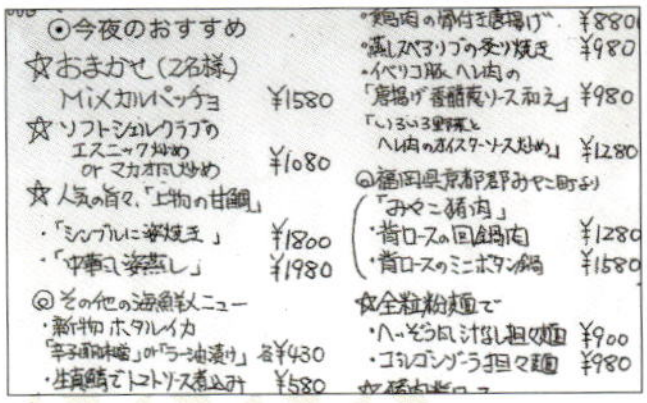

▶“今夜のおすすめ”が書き込まれたメニュー。冷凍ものはソフトシェルクラブのみ。（取材時）

▲花芝町の商店街沿いに、『ビストロ中華 へいぞう』と店名が記される。

▲女性やお一人様でも入りやすい、落ち着いた雰囲気のバル風の店内。

MENU

◆ディナー

本場四川の麻婆豆腐（黒系） ---- 980円

和風だれのゆで餃子 ---- 490円

他、日替わりのアラカルト多数。

（※料金は、すべて税込）

写真はすべて日替わりのアラカルトメニューから。

住所：奈良県奈良市花芝町6 プラザ花芝1階
アクセス：近鉄奈良駅から徒歩約4分
営業時間：18:00～、食材がなくなり次第終了
定休日：不定休
カード：可
席数：15席（テーブル11席、カウンター4席）
喫煙：完全禁煙
予約：ベター
料金の目安：夜3,000円～
駐車場：なし
HP：https://twitter.com/heizomeg

▼スタッフの浜田めぐみさん。手にしているのは店名の由来となった丸石さんの愛犬へいぞう君。

牛ハラミ ステークフリット カフェ・ド・パリ風1,500円。フランス人が大好きなビストロの定番料理、バベットステーキ。噛み応えがあり、赤身の旨味が十分。たっぷりのポテトフリットとともにワインによく合う。

《 きたまち 》

きたまち ce magasin

キタマチ ス マガザン

| フランス料理 |

ワインと料理を気軽に楽しめる、きたまちのブラッスリー

「料理も、ワインも、音楽も、壁に飾った絵も、テーブルを盛り上げるためのわき役。ただ、ナチュラルにワインを楽しんでいただきたい」。そう語るのは、店主であり、ワインの指南役でもある上田守之さん。酒場好きが高じて、飲食関係の仕事に携わった。そして、2011年に、外国を旅した際に感銘を受けた料理とワインを提供するお店をオープンした。

ワイン選びは、入り口に並ぶ番号札が貼られたボトル。気に入ったラベルがあれば、番号を伝える。すると、そのテイストとペアリングを楽しめる料理を提案してくれる。

場所柄、地元客と観光客の割合は半々という。昨今、飲食店の数が増えているとはいえ、まだまだ夜が早い奈良。「ちょっと飲み足りない時に、バー的な使い方は？」と尋ねると、「いいですよ。今日は予定もないし、ワインでも飲みに行くか、くらいな軽い気持ちで来ていただけたらうれしいですね」と、どこまでもナチュラルな答えが返ってきた。

▲ほとんどの人がオーダーするという一番人気の前菜の盛合せ 1,000円（1 人前）。肉、魚、野菜がバランスよく盛られ、ボリュームもたっぷり。

▲フロマージュ 1,650 円。店主おすすめのチーズの盛合せ。食後の軽いつまみとしても、うれしい一皿。

▲壁にはアート感覚あふれる絵画が飾られている。

▲細長い間取りの店内にはテーブルが並ぶ。フランスの田舎にある酒場のような雰囲気。

▶入り口近くの棚に並ぶ、番号札が貼られたワインボトル。ここから気に入ったワインを選ぶ。文字だけのワインリストは置かれていない。

MENU

◆ランチ・ディナー

天ぷら定食	2,000円
子羊と野菜のクスクス	1,800円
ムール貝の白ワイン蒸し	1,600円
菜園風サラダ	950円
ブルーチーズとクルミのケサディージャ	700円
クレームブリュレ	450円

（※料金は、すべて税別）

写真はすべてアラカルトメニューから。

☎：0742-26-7662

住所：奈良県奈良市東向北町21-1 松山ビル1階
アクセス：近鉄奈良駅から徒歩約2分
営業時間：11:30～14:00（L.O.）、17:30～21:00（入店）
定休日：月曜
カード：不可
席数：23席（テーブル20席、カウンター3席）
喫煙：完全禁煙
予約：ベター
料金の目安：昼2,500円～、夜5,000円～
駐車場：なし
HP：https: //cemagasin211.blog.fc2.com/

▼オーナーシェフの上田守之さん。ワインにぴったりな趣向を凝らした料理を得意とする。

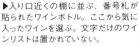

2皿のプリモピアットのうちの一皿、オマールエビのカルボナーラ仕立。パスタは、黒胡椒を練り込んだタリオリーニ。振りかけてあるのは、エビと竹炭を混ぜて炒り、黒胡椒のようにみせたもの。

《 奈良公園 》

Ristorante i-lunga

リストランテ イ・ルンガ

| イタリア料理 |

奈良とイタリアンをトータルに楽しむ。美食の粋を極めた「都の料理」

オーナーシェフの堀江純一郎さんは、イタリア版ミシュランで、日本人初の一ツ星を獲得。9年にわたるイタリア滞在を終え、２００９年に、奈良公園に近い築２００年の元武家屋敷で、『リストランテ イ・ルンガ』をオープンした。

根底にあるのは、食の舞台となる場所の文化を十分に理解したうえで、料理に表現するという考え。「奈良は、かつて都が置かれた地。全国から多くの人やものが集まる場所であったのです」。堀江さんは、奈良の文化を踏まえ、自らの料理を「都の料理」と定義した。そのうえで、地元はもとより日本各地の厳選した食材を、修業時代にみっちりと学んだ骨太のイタリア料理をベースに、繊細な手法を駆使し、存在感を放つ一皿に仕上げていく。

「奈良に行く計画を立て、実際に奈良をめぐる。そして、その思い出を楽しむ。これはとても贅沢な時間です。その一端として、食事を楽しんでいただければ」と堀江さん。歴史の舞台と美食の融合がここにある。

◀日本家屋の中に、丸テーブルが並ぶ。丸テーブルは、ゲスト同士の程よい距離間が保てるという。

▲冷前菜の蕪のスープと鮮魚のサラダ。この日の鮮魚は、明石のヒラメに、マダイ、サワラ、イクラなど。魚介は、北は函館から南は宮崎まで、漁港直送のものを用いる。

▲築 200 年の邸宅には、母屋の前に季節感あふれる広い前庭がある。

▲セコンドピアットは、熟成短角牛のタリアータ、フォアグラのマリネ添え。赤身の北海道産短角牛をドライエイジングすることにより、より旨味を引き出す。肉料理は、地元奈良の大和牛も使用。昨今は、信頼できる北海道のマタギ直送のエゾシカやヒグマのジビエも多い。

MENU

◆ランチ

コース ……………………… 5,400円

◆ディナー

コース ……………………… 10,800円

（※料金は、すべて税込・サービス料別）

写真はすべてディナーコース 10,800 円から。構成は、ストゥッツィキーニ、アミューズ、冷前菜、温前菜、2 皿のプリモピアット（手打ちパスタやリゾットなど）、セコンドピアット（肉料理）、口直し、ドルチェ、カフェ、小菓子。

◀ドルチェは、苺とベリーのファンタジア。デザートは若いスタッフが担当する。

住所：奈良県奈良市春日野町16
アクセス：近鉄奈良駅から徒歩約12分
営業時間：11：30〜13：30（L.O.）、18：00〜20：00（L.O.）
定休日：不定休
カード：可
席数：46席（テーブル46席）
喫煙：完全禁煙
予約：夜は完全予約制、昼はベター
料金の目安：昼8,000円〜、夜14,000円〜
駐車場：あり
HP：http://i-lunga.jp/

▼スタッフ一同。前列左端が、オーナーシェフの堀江純一郎さん。

野迫川のアマゴ フェンネル 燻した卵。奈良、和歌山の県境を流れる清流野迫川に棲むアマゴをイメージ。
桜のチップでたちこめる雲海を、フェンネルで新緑を表現。雲海が晴れると、器の下にアマゴのスモークが現れる。

《 奈良公園 》

akordu

アコルドゥ

| 現代スペイン料理 |

「記憶」という名のレストランで、奈良の織り成す物語を感じ取る

２０１６年12月、富雄から歴史を感じさせる東大寺旧境内跡へ移転、再開を果たした。オーナーシェフの川島宙さんは、国内でフレンチのキャリアを積んだ後、単身スペインへ渡り、そこで、モダンスパニッシュの、自由な発想で料理をクリエイティブするスタイルを学んだ。根本にあるのは、周囲の環境を皿の中に投影すること。奈良とその近郊の優れた素材を深く探求、生産者たちの想いをくみ、より慈しみをもって調理を行う。

「海をイメージした料理では、海で見たり、触れたりしたものを思い出し、記憶を楽しんでいただければ」と川島さん。その料理は、食べ手に記憶を蘇らせるドラマに似ている。「味」「香り」「食感」といった役者たちが、「地の食材」という主役とともに、一体感あふれる演技を行い、観客である食べ手に懐かしい記憶を蘇らせる。

「奈良の織り成すさまざまな情景を料理で表現します。ワクワクしながら召し上がってください」。新生『アコルドゥ』から、ますます目が離せない。

▲大和肉鶏の肝と真菜の根 生きるものと生かされるもの。料理に使うことがない、大和まなの根の部分をフリットに。肝は生で食べられるものを使用。肝も根も生きているものの象徴として捉える。大和の古代米を添える。

▲２階建ての邸宅に、川島さんの紡ぎ出す小宇宙が凝縮される。

▲倭鴨とからし菜 土の香りのピュレ。倭鴨は、葛城でただ一人の生産者に育てられる合鴨。シンプルに低温でローストする。鴨の下のゴボウのピュレで大地の香りを、からし菜のピュレで緑を表現。代米を添える。

▲1日1組限定（火～水曜日）で宿泊（1泊2食付）も受け付ける。

◀緑の庭と背後の木々をのぞむ、明るく開放的なダイニング。

MENU

◆ランチ

季節のメニュー	6,500円
ワインペアリング	6,000円～

◆ディナー

季節のメニュー	13,000円
ワインペアリング	8,000円～

（※料金は、すべて税別・サービス料別）

写真はすべてディナーの季節のメニュー13,000円から。

☎：0742-77-2525

住所：奈良県奈良市水門町70-1-3-1
アクセス：近鉄奈良駅から車約14分
営業時間：12：00～13：00（L.O.）、18：00～19：00（L.O.）
定休日：月曜
カード：可
席数：20席（テーブル20席）
喫煙：完全禁煙
予約：要予約
料金の目安：昼8,000円～、夜15,000円～
駐車場：5台
HP：https://akordu.com/

▼オーナーシェフの川島宙さん。「ワクワクしながら料理を味わってください」。

メインディッシュの仔羊のロースト、十勝マッシュルームのデュクセルとペルシャード。ソースは、チョリソーとひよこ豆。
シンプルに骨付きのまま調理。十勝マッシュルームに香草パン粉、マスタードを合わせ、オーブンで焼き上げる。

《 奈良公園 》

La Terrasse

ラ・テラス

| フランス料理 |

自然あふれるサンルームで、
奈良の食材を活かした繊細なフレンチを

奈良公園の最奥、山焼きで有名な若草山の麓に『ラ・テラス』がある。その名の通り、緑に囲まれたテラス席とサンルームの店内からなる開放感あふれるフレンチだ。目の前には、なだらかな若草山が広がり、ガラス張りの天井を山桜の大木が貫く。

シェフは、大阪の名フレンチで研鑽を積んだ高田和明さん。伝統的なフレンチに和の食材を用いるなど多様性のある料理を習得。『ラ・テラス』のシェフとして8年目、ますます奈良の生産者と食材へ対する思い入れは深まっているようだ。「自然豊かな奈良県の食材をできる限り使うように心がけています。その素晴らしさを、多くの人に伝えたい」。調理法も、優れた食材を損なわないようシンプルに。しかし、そこはフレンチらしく、素材の持つ味や香りを幾重にも織り交ぜて、組み合わせの妙を表現。

「奈良が好きな方でも、ここまで足を延ばす機会は少ないと思います。ぜひ一度、お越しいただいて、自然の中で、お料理を楽しんでいただきたい」。

▲春のひと時、見上げれば満開の桜が。

▲前菜は、桜鱒と八朔のコフィチュール、春蕪とパスティスのジュレ。サクラマスを塩こうじでマリネして、ハッサクのコンフィチュールとフロマージュブランチーズでいただく。柔らかい春カブとパスティスのジュレがアクセント。

▲ガラス張りの天井からは、陽光が燦燦と降り注ぐ。

▲デザートの春苺・あすかルビーと甘酒のパブロア。春爛漫の奈良をイメージ。甘酒のアイスクリームと桜の花の塩漬けが添えられる。

MENU

◆ランチ

コースA	4,300円
コースB	6,500円

◆ディナー

シェフおまかせコース	8,500円
シェフおすすめコース	12,000円
特別ディナーコース	15,000円〜

(※料金は､すべて税込)

写真はすべて春の特別ランチコース6,000円から。

◀アジアのリゾートを彷彿とさせるテラス席。目の前には若草山をのぞめる。

☎:0742-27-0556

住所:奈良県奈良市春日野町98-1 ザ・ヒルトップテラス奈良
アクセス:近鉄奈良駅から車約7分(徒歩約25分)
営業時間:11:30〜14:00(L.O.)、18:00〜20:00(L.O.)
定休日:火曜、水曜の夜
カード:可
席数:34席(テーブル34席)
喫煙:全席禁煙(テラス席は可)
予約:ベター
料金の目安:昼5,300円〜、夜9,500円〜
駐車場:あり
HP:http://laterrasse.jp/nara/

▼スタッフの皆さん。右側がシェフの高田和明さん。

倭鴨のロースト 朝採り野菜とフォアグラ香るソース。葛城山麓で飼育された合鴨を使った一品。海外の鴨にも負けない旨みがあり、くせがなく食べやすいのが特徴。シンプルにローストし、鴨のだしとフォアグラのソースに朝採れ野菜を合わせる。

《 奈良公園 》

RISTORANTE L'Orchestrata

リストランテ オルケストラータ

| イタリア料理 |

平城京の神々から インスピレーションを享受するイタリア料理

国内はもとより、世界中から多くの人々が集まる「奈良春日野国際フォーラム甍」。その1階にあるレストランで、「奈良発のイタリア料理を世界に発信する」をコンセプトに掲げる。

シェフの漆原卓さんは、10年以上にわたり、『ひらまつ』のイタリア料理店で腕を振るってきた。そして、このお店のシェフに就任すると、奈良県とその近郊の優れた素材に注目。そうした食材を、奈良の歴史と風土から得たインスピレーションを働かせ、見た目も美しい、オリジナリティに富んだ料理に表現する。

さらに、景観もこのレストランの大きな魅力。席に着くと、ガラスの向こうには緑豊かな庭園が広がる。視線を上げれば、神々の山・若草奥山が目の前に。その広大で自然あふれるパノラマは、明るく開放的な古の都・奈良の原風景を偲ばせる。降り注ぐ陽光と、吹き渡る風に、天平人のおおらかさを享受しつつ、料理を堪能。奈良での楽しみを、さらに豊かなものにしてくれるリストランテだ。

▲甘海老とモッツアレラチーズのガスパッチョ。奈良の野菜だけでつくったガスパッチョと甘海老の甘さ、チーズの弾力が楽しめる一品。

▲奈良県産完熟トマトとパルマ産生ハムのスパゲッティ。トマトの旨み、生ハムの塩味、パプリカの酸味が絶妙なパスタ。ベーコンを煮出して作ったジュレと牛乳のエキュームを添えて。

▲本日の前菜の盛り合わせ。吉野杉香るゼッポリーニ。奈良の朝採れ野菜の奈良漬バーニャカウダー。倭鴨の低温ロースト。フォアグラとモッツアレラチーズのコロッケなど、奈良にこだわった前菜。

▲庭園の緑と若草奥山がのぞめる。庭園で行うガーデンウェディングも人気。

◀夜になると、漆黒の闇の中に幻想的な姿が浮かび上がる。

MENU

◆ランチ

PUCCINI	3,500円
ROSSINI	5,000円
CHOPIN	7,500円

◆ディナー

MOZART	7,000円
WAGNER	9,500円
VERDI	13,000円

（※料金は、すべて税別・サービス料別）

写真はランチ、ディナーコースから。

住所：奈良県奈良市春日野町101
　　　奈良春日野国際フォーラム甍1階
アクセス：近鉄奈良駅から徒歩約17分
営業時間：11:00～14:00（L.O.）、17:30～20:00（L.O.）
定休日：月曜（祝日の場合は翌日）
カード：可
席数：50席（テーブル50席）
喫煙：全席禁煙　予約：ベター
料金の目安：昼3,500円～、夜7,000円～
駐車場：あり
HP：https://www.hiramatsurestaurant.jp/orchestrata

▼漆原卓シェフ。東京、大阪のリストランテを経て、奈良へ。

【コラム】

奈良の食文化探訪

5

大和牛と大和ポーク

YAMATO BEEF & YAMATO PORK

鎌倉時代から質の良い牛の産出地として知られていた大和地方。それは、牛を育てるのに最適な気候と風土が整っているからとされる。大和牛と認められるのは、奈良県で14ヵ月以上育てられた和牛で、牛の格付協会の肉質規格が３等級以上のものだけが、この名前を名乗ることができる。育てる際に、血統はもとより、飼料にもこだわる大和牛。赤身でありながら、真っ白なサシがきれいに入った美しい見た目と、柔らかくさっぱりとしていながら、旨味にコクが深いのが特徴。大和牛は、関西圏の他はあまり出回らない希少なブランド牛でもある。

大和ポークは、指定生産者によって優秀な種豚と厳選された母豚から生産された奈良県産の仔豚。安全・安心な飼育管理のもとで育てられ、大和ポークとなる。肉質は、上質な脂肪が適度に入り、甘くジューシーな味わい。臭みの原因となる動物性原料は一切使われず、穀類をベースに菓子粉やパン粉などを配合した高カロリーの飼料が良質な大和ポークを育む。

▲赤身に上品なサシが特徴の「大和牛」。

▲甘くジューシーな「大和ポーク」。

6

大和肉鶏と倭鴨

YAMATO NIKUDORI & YAMATO GAMO

大和肉鶏は奈良県で育てられている地鶏。名古屋種とニューハンプシャー種、シャモとを交配した新しい高品質肉用鶏だ。一般的にブロイラーが60日ほどで出荷されるのに対して、大和肉鶏は自然に近い環境の中、雑穀を飼料に120～140日かけて育てられる。その味は甘みがあり、しっかりとした深みが感じられ、ブロイラーにない快い噛み応えが特徴。その昔、農家で飼われていた、ヘルシーで美味しい、かしわと呼ばれる鶏肉本来の味の再現と評価されている。

倭鴨は、大阪府との境に位置する御所市の大和葛城山麓で飼料、飼育環境、飼育日数にこだわって育てられる合鴨。その肉質は、脂質と赤身のバランスが絶妙で、嫌な臭みがなく、口に入れると芳醇な旨味が口全体に広がる。クセのある鴨肉が苦手という人も、抵抗なく食べられると評判が高い。奈良県下でも、１軒の生産者だけが育てている希少な合鴨で、高級品とされる。

▲鶏肉本来の旨味が味わえる「大和肉鶏」。

▲奈良県でただ１軒のみが生産する希少な「倭鴨」。

【コラム】

奈良の食文化探訪

3

大和野菜

YAMATO YASAI

大和地方で戦前からつくり続けられている伝統野菜20種。栽培や収穫出荷に手間をかけることにより、栄養や美味しさを増した奈良県オリジナルのこだわり野菜5種。合わせて25種の野菜を大和野菜と称する。栽培が難しいなどの理由で生産者が減っていたが、2005年に奈良県が認定制度をスタートした。大和野菜の美味しさを認知していた奈良の料理人たちの幾人かが、それぞれに生産者と協力して食材として使用しはじめたのが四半世紀前。以降、奈良の多くの料理人たちが、この野菜を使ったメニューを創造。和食はもとより、中華、イタリアン、フレンチ、スパニッシュとジャンルを問わずに活用されている。

代表的な大和野菜は、『古事記』に記される「菘菜」が起源とされる「下北春まな」や「大和まな」、ネギの「結崎ネブカ」「大和太ねぎ」、「片平あかね」「筒井れんこん」などの根菜たち。野菜そのものがしっかりとした甘みや旨味をもっているため、素材の味を生かすためシンプルな調理が施される。

▲近ごろ全国でも見られるようになった「大和まな」。

▲漬物やサラダなどに活用される「片平あかね」。

4

果物

FRUIT

大和野菜とともに、奈良の料理界から熱い視線を送られているのが奈良特産の果物たち。デザートはもとより料理の素材として活用されている。代表的なものは、ハウス栽培としては全国一の出荷量を誇る柿。古くから「御所柿」をはじめとするさまざまな種類が生まれてきた。「刀根早生」「平核無」「富有」と12月まで柿の季節が続く。

さらに、近畿一の生産量を誇るのがイチゴ。「あすかルビー」は、「アスカウェイブ」と「女峰」を交配させた品種で、ジューシーさが特徴。また、「古都香」は、「7-3-1」と「紅ほっぺ」を掛け合わせ、糖度と酸度が高めで深みのある味わいが好まれている。さらに、奈良ではカンキツ系の果物も多く栽培されている。中でも、ハッサクは天理市周辺に多く、2〜3月のシーズンになると山の辺の道沿いの直売所でも販売される。果物を加工したものとしては、ユズをくり抜き、果実とそば粉、味噌、シイタケなどを加え保存した、十津川村の「ゆべし」が有名。料理の素材としても注目されはじめている。

▲ジューシーな果実が人気のイチゴ「あすかルビー」。

▲干し柿にしても美味しい「富有柿」。

お肉料理の、エゾシカのロースト。ネズの実とヘーゼルナッツオイルでマリネしたエゾシカのモモ肉をロースト。
ソースは筋でとった赤ワインソース。広陵町の百済農園のニンジンのピュレ、鶏ブイヨンでグラッセしたビーツを添える。

《 JR奈良 》

LA TRACE

ラ・トラース

| フランス料理 |

作り手の顔が見える食材を、シンプルなフレンチで表現

オーナーシェフの佐藤了さんは、フランス、ブルゴーニュでの修業の後、東京の人気店でシェフを務めた。約20年のキャリアを糧に、2016年6月に、奈良で独立。

奈良を選んだ理由は、身近に熱心な生産者がたくさんいること。そして、素材も、野菜、肉、卵、お茶と、おおよそ必要なものが揃い、魚介に関しては、お隣の和歌山県でまかなえる。四方を山に囲まれた立地は、アマゴなどの清流魚、さらには猪や鹿などのジビエにも事欠かない。そして、奈良はマダムである奥様の生まれ故郷だった。

独立が決まるや、佐藤さんは積極的に奈良県内の生産者を訪ねた。そして、その一人ひとりと信頼を深める度に、料理観が変化していったという。「こんなに素晴らしい素材を前にして、よりシンプルな調理に変わっていきました」。そうして、「奈良でこそ楽しめる料理」を心掛けるようになる。佐藤さんが紡ぎ出すお皿からは、生産者の温もりと、自然への感謝がひしひしと伝わってくる。

◀ワインは、フランス産を中心に、60種、120本が常備される。

▲魚料理のヒラスズキのロースト。和歌山から直送されたヒラスズキをローストし、カラマタオリーブのピュレを敷く。生駒市のひらひら農園のハーブサラダをトッピング。

▲カウンター席とテーブル席で構成されるオープンキッチンの明るい店内。

▲デザートは、見た目も美しい古都華のプラリネ。奈良のブランドイチゴ古都華をプラリネクリーム、キルシュをきかせたホイップクリームで包み、ピスタチオをのせたエクレア。

MENU

◆ランチ

コース	4,500円
ワインペアリングコース(ランチ)	2,500円

◆ディナー

コース	8,000円
ワインペアリングコース(ディナー)	4,000円

(※料金は、すべて税別・サービス料別)

写真はすべてディナーコース8,000円から。

◀ JR奈良駅西口からほど近いマンションの1階。木の温もりとホワイトの壁が印象的。

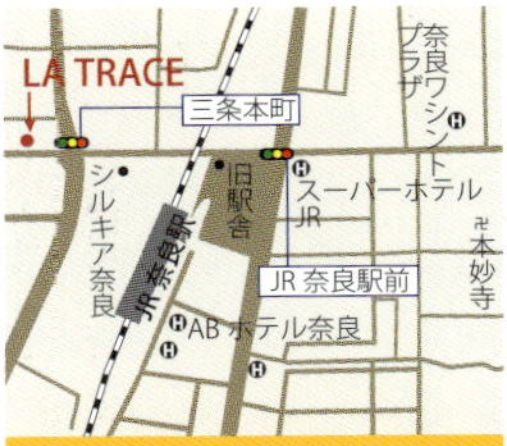

☎:0742-33-4000

住所:奈良県奈良市大宮町2-1-5 カーサヤマグチ
アクセス:JR奈良駅から徒歩約3分
営業時間:12:00〜13:30(L.O.)、18:00〜20:00(L.O.)
定休日:日曜、第1・3月曜
カード:可
席数:14席(テーブル6席、カウンター8席)
喫煙:全席禁煙
予約:完全予約制
料金の目安:昼7,000円〜、夜12.000円〜
駐車場:なし
HP:http://latrace.jp/

▼オーナーシェフの佐藤了さん。2016年6月に奥様の実家のある奈良で独立。

アラカルトメニューから春の季節の八寸、時価。イイダコ、筍、子持ちワカメ、茶振りナマコ、フグなどの季節の食材が色鮮やかに盛り込まれる。会席コースは、3,000 円、4,000 円、5,000 円、6,000 円の 4 コース。リーズナブルさもうれしい。

《 JR奈良 》

四季彩料理 利光

しきさいりょうり りこう

| 日本料理 |

誰もが気兼ねなく本格的な会席料理を。細やかな心遣いがうれしい

「気兼ねなく、本格的な会席料理を楽しんでいただきたい。そんな思いから、入りやすい雰囲気を心がけ、利用しやすい料金を設定しています」。そう語るのは、店主の中村光利さん。大阪、奈良の老舗和食店で料理人としての修業と研鑽を積み、料理長も務めた。そうして、２００３年、ＪＲ奈良駅近くに『利光』の暖簾を掲げ、５年前に閑静な現在地へ移転した。

中村さんの仕事は、名店で培った繊細な和の手法を基本に、独自の工夫を施すスタイル。素材の旨味を存分に引き出すため、料理に使う水は、磁石が入った管を通し、浄水するなどのこだわりを忘れない。そして、地元奈良の食材を重要視しながらも、全国の旬のものも用いる。魚に関しても、地元市場で厳選したものの他に、九州は宮崎の漁港から箱で届く魚介を使用している。

また、余裕があれば店内にキッズコーナーを設けている。小さなお子様連れでもゆったりと、会席の品々を楽しめる細やかな心遣い。訪問前に、電話で確認を。

▲マダイのあらだきと野菜の煮物の炊き合わせ 1,600 円。和食の基本である煮物は中村さんの最も得意とする料理。

▲板場と向かい合うカウンター席。中村さんとの小気味よい会話が楽しめる特等席。

▲ JR 奈良駅とならまちのほぼ中間、住宅や学校に囲まれた場所に建つ。

▲アカガイの黄身酢かけ 1,200 円。海がない奈良だからこそ、魚介の充実には力が入る。

◀落ち着いたテーブル席は、1 階に 10 席用意されている。

MENU

◆ランチ

昼の会席 ―――― 3,000円～6,000円

◆ディナー

夜のコース ―――― 3,000円～6,000円

夜のおまかせ ―――― 7,000円～20,000円

（※料金は、すべて税別）

写真はすべてアラカルトメニューから。

住所：奈良県奈良市西木辻町100-1
アクセス：JR奈良駅から徒歩約10分
営業時間：11：30～13：30（L.O.）[※予約で開いていれば]、
17：30～21：00（L.O.）
定休日：不定休　カード：可
席数：41席（カウンター6席、テーブル35席）
喫煙：完全禁煙
予約：ベター（昼は当日の10：00までに要予約）
料金の目安：夜6,000円～
駐車場：5台
HP：https://www.wasyoku-rikou.com/

▼明るい人柄が、多くの人から親しまれる中村光利さん。

コースの最後は、さっぱりとした天茶で。エビ、大葉、海苔をのせ、塩で味を調えた昆布とカツオ節の出汁をかける。手前は、コーンと東平さんオリジナルのフォアグラ。リキュール漬けの干しブドウと黒胡椒がアクセントに。

《 JR奈良 》

天ぷら 旬亭

てんぷら しゅんてい

| 天ぷら |

居心地満点のカウンターで味わう、オリジナルの創作天ぷらもうれしい

わずか10席のコの字形のカウンター。その中には、この道30年というマスターの東平崇宏さん。天ぷらを揚げる所作、出すタイミング、交わす言葉、それらがなんとも自然体。そう、ここは紛れもなく、東平さんが織り成す小宇宙だ。

京都の料亭で料理人としての修業を重ね、25歳という若さで独立を果たした。以来、『旬亭』で、天ぷら一筋。メニューは、おまかせコース（14〜15品）のみ。エビなどの定番、山菜やアユ、ハモなどの季節もの。さらに、フォアグラや葛豆腐などのオリジナルの創作ものが組み込まれる。開店当初は、オーソドックスなネタがほとんどだったが、年を重ねるとともに、お客の好みに合わせ、創作ものが増えていったという。

綿実油で揚げたサクッと軽い天ぷらを味わい、酒杯を重ねる。そして、東平さんと会話を交わすうちに、心地よい空気感が広がっていく。「自然と、こんなスタイルになっていました」と、笑顔の東平さん。今宵も、『旬亭』というステージで、時が経つのも忘れそうだ。

▲アスパラとキスの昆布締め。野菜は、全国から旬のものを仕入れる。地元奈良のものは、五條の農家と契約し、かぼちゃの花、ゴボウなど珍しいものを。キスは昆布締めにして、大葉を挟む一手間を施す。

▲活きクルマエビは、頭も一緒に供される。ミソを残して揚げているので、口に含むと同時にコクが広がる。

▲席数10名のコの字形カウンター。壁に掛けられた古い柱時計や棚に置かれたアンティークな蓄音機はもちろん現役。

▲シイタケは、エビのすり身を叩いたものを挟んで揚げる。鳴門金時は、甘さとホクホクの食感が特徴。

MENU

◆ディナー

おまかせコース ―――― 4,630円

（※料金は、すべて税込）

写真はすべておまかせコース 4,630 円から。

日本酒は、日本全国からいろいろな銘柄を。焼酎、ワインも揃う。

◀開店から30年。年輪を重ねて、風合いを増す。

▼マスターの東平崇宏さん。「あと30年は現役で」と、その心意気を語る。

☎：0742-22-1576

住所：奈良県奈良市柳町31 和田ビル1階
アクセス：JR奈良駅から徒歩約10分
営業時間：17:00～21:00（L.O.）
定休日：月曜
カード：不可
席数：10席（カウンター10席）
喫煙：全席禁煙
予約：ベター
料金の目安：夜7,000円～
駐車場：なし
HP：なし

おまかせ串５本 1,300 円。右からホルモン風の歯ごたえと旨味が凝縮したおたふく、ねぎま、ささみ。
野菜は、優糖生トマトと金針菜。希少な近江黒鶏と阿波尾鶏を中心に使う。

《 JR奈良 》

焼鳥 望月

やきとり　もちづき

｜ 焼鳥 ｜

職人が炭火で丹念に焼き上げた、ブランド鶏を用いた焼鳥

JR奈良駅近く、杉ヶ町の通りから少し入ったところにある焼鳥の専門料理店。主人の板東寛和さんは、東京の人気焼鳥店「蒼天」で修業した料理人。「奈良には焼鳥の専門店がなく、焼鳥といえば居酒屋のメニューの一つというイメージでした」と振り返る。こういう認識を打ち破りたい、これが坂東さんが独立した動機だった。

厳選された鶏のさばき方、串うち、焼き方にこだわる焼鳥は、たちまち評判を呼び、地元の人たちに加え、奈良を訪れる観光客やビジネスマンで賑わうお店として知られるようになった。使用する鶏肉は、徳島の阿波尾鶏と近江黒鶏。中でも、通常の倍近い飼育時間で平飼される近江黒鶏は、昔のかしわを彷彿とさせる健康さと肉のジューシーさが特徴。その希少部位がいただけるのも魅力だ。

天草産の海塩を振り、備長炭で丁寧に焼き上げられた肉汁あふれる各種部位や、自家製のつくねを堪能できる焼鳥は奈良では貴重。日本酒・ワインも豊富に取り揃えている。

▲京鴨の燻製 700 円。柔らかさが身上のブランド鴨をスモーク。

MENU

◆ディナー

おまかせコース	3,000円
おまかせコース	4,000円
おまかせ串5本	1,300円
グラスワイン	690円～

（※料金は、すべて税込）

写真はすべてアラカルトメニューから。

▲締めにおすすめの卵かけご飯。米と小麦で育てた明日香村の鶏の卵を使用。

▲レバーパテ 250 円。近江黒鶏と阿波尾鶏のレバーを合わせてつくる。ワインに合う一品。

◀ JR 奈良駅からほど近い立地も魅力。

▶目の前で焼かれる焼鳥の香ばしい匂いを楽しめるカウンター席。

☎：0742-22-5756

住所：奈良県奈良市杉ヶ町32-14
アクセス：JR奈良駅から徒歩約5分
営業時間：17：30～22：00（L.O.）
定休日：木曜
カード：可
席数：16席（テーブル8席、カウンター8席）
喫煙：全席禁煙
予約：可
料金の目安：夜5,000円～
駐車場：なし
HP：なし

▼店主の板東寛和さん。焼鳥に魅せられて地元奈良にUターンした。

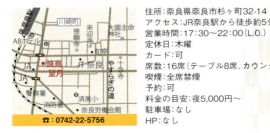

山形牛フィレ肉の鉄板焼きステーキ。全国から優良な牛肉を厳選するため、産地は、日々変わる。ソースも季節により異なるが、この日は、生醤油、ステーキソース、藻塩、白味噌、ポン酢など。

《 JR奈良 》

鉄板ステーキ シェルブルー

てっぱんすてーき しぇるぶるー

| 肉料理 |

心地よい開放感の中で味わう
新鮮・絶品の山の幸・海の幸

奈良のメインストリート三条通りにあるステーキハウスで、2014年7月にオープン。各地から取り寄せる厳選された最高級の黒毛和牛をはじめ、活伊勢海老など旬の魚介類、季節の野菜をカウンター前の鉄板で、美味しく調理してくれるステーキ専門店として賑わっている。

「食事だけでなく、楽しい時間と開放感のある空間を楽しんで過ごせる場所にしたいと頑張っています」という、オーナーシェフの山口真弘さん。名門の帝国ホテルで15年にわたり修業した地元奈良出身の料理人だ。「シェルブルー(Ciel Bleu)」とは、フランス語で「青空」。店名からフランス料理に精通していることがうかがえる。

ランチ、ディナーとも、絶品の黒毛和牛のステーキを中心に各種コースが用意されている。そして、味だけではなく、目の前で演じられるシェフの調理の手際も必見。繊細な手法が光る、フレンチテイストのアミューズブーシュ（シェフお任せの一皿・オードブル）も大人気だ。

▲ヒラメとホタテ貝のポワレ、バジルソースとウニクリーム醤油ソース。メインのステーキの前に供される魚介の鉄板焼。新鮮な素材をシンプルなソースで。

▲全国各地の選りすぐった黒毛和牛を日替わりで味わえる。野菜も地元奈良をはじめ、全国から旬のものを集める。

▲季節のオードブル こだわりの一皿は、マダイとホタルイカのマリネ、梅肉と菜の花のソース。

▲ゆったりとしたカウンター席。鉄板焼のお店では、ここが特等席だ。

◀カウンター席では、目の前の鉄板で行われる調理をライブ感覚で楽しめるのが魅力。

MENU

◆ランチ

グレイスランチ	4,500円
シェルブルーランチ	6,800円
神戸牛ランチ	10,000円

◆ディナー

青龍	7,900円
白虎	9,200円
朱雀	11,000円

(※料金は、すべて税別)

写真はすべてディナーのシェフのおまかせコース10,000円から。

住所:奈良県奈良市三条町470 綺羅星ビル2階
アクセス:JR奈良駅から徒歩約4分
営業時間:11:30〜14:00、17:30〜21:00(L.O.)
定休日:月曜
カード:可
席数:20席(テーブル4席、カウンター16席、半個室あり)
喫煙:全席禁煙
予約:可
料金の目安:昼4,500円〜、夜7,900円〜
駐車場:なし
HP:http://steak-cielbleu.com/

▼オーナーシェフの山口真弘さん(中央)とシェフの上田育弘さん(右)、シェフの西本和樹さん(左)。

「季節感を大切にしている」という口取り。薄桃色の和紙の上、ひな祭りを思わせる桃の蕾を添えて。扇を模した器には、イイダコの旨煮と白身魚のすり身たっぷりの玉子かまぼこなど。色鮮やかに、優しく季節感を際立たせる。

新大宮

お料理 枯淡

おりょうり こたん

日本料理

気取らない雰囲気の中で、繊細な手法が光る和食の正道を味わう

奈良の老舗料亭「菊水楼」で、料理人としての道をスタートさせた店主の水川正則さん。顔馴染みが多かったという新大宮で、暖簾を掲げて19年、この地に日本料理の『枯淡』ありと、知られる存在。

「実直に、昔から受け継がれている和の技法を基本通りに行う。自分の味を押し付けるのではない料理が、自然とお客様に喜んでいただけるようになった」と水川さん。その味のコンセプトと誠実な仕事振りは、まさに店名の通りだ。

献立は、コース中心ながら、夜は、気軽に楽しめる単品もある。「奈良には海がないだけに、魚にこだわるお客様が多い。それだけにごまかしはききません」と、毎回の仕入れは魚屋と真剣勝負。特に、鯖と鯛にはこだわり、鯖は五島列島、鯛は淡路島周辺のものしか使わない。そんな水川さんの料理を味わいに地元の常連客はもとより、奈良に来たなら必ず訪れるという観光客も多い。

気取らない雰囲気と繊細な手法が光る料理が、正道を好む食通の舌を捉えてやまない。

▲新大宮駅南口からすぐ、ひっそりと隠れ家的なお店の入り口。

▲お造りの盛り合わせ。甘エビ、ヒラメ、マグロ、アオリイカ、しめサバ。すべて天然ものというこだわりよう。

▲「枯淡」とは、人柄・性質などがあっさりとしていて、その中に趣があることをいう。

▲春、旬を迎える筍とアイナメのお椀。ほんのり甘く炊いたシイタケを添える。

MENU

◆ランチ

お昼のコース	3,000円

◆ディナー

若菜	4,000円
夜のコース	6,000円〜
鯨ハリハリ鍋	2,100円
甘鯛骨蒸し	1,980円

（※料金は、すべて税別）

写真はすべて夜の8,000円のコースから。

◀テーブル席もあるが、カウンターに座り、店主の技を眺め、女将との会話を楽しむのもよい。

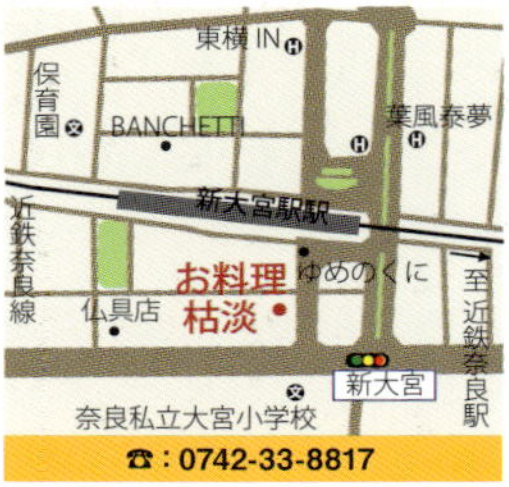

住所：奈良県奈良市大宮町6-2-7 千曲ビル1階
アクセス：近鉄新大宮駅から徒歩約1分
営業時間：11:30〜13:00（L.O.）、17:30〜21:00（L.O.）
定休日：日曜、月曜昼　カード：可
席数：16席（カウンター6席、テーブル10席）
個室：あり
喫煙：カウンターのみ禁煙
予約：昼は前日までの要予約、夜はベター
料金の目安：昼3,000円〜、夜6,000円〜
駐車場：なし
HP：なし

▼店主の水川正則さんと、女将の多満喜さん。

信楽焼の土鍋で供されるアクアパッツァ 3,240円。水とオリーブオイルだけで、新鮮な魚介と旬の野菜を煮込む。
この日は、ホウボウ、ムール貝、アサリに、春キャベツとミツバをのせて。

《 新大宮 》

BANCHETTI

バンケッティ

| イタリア料理 |

ワインとともに楽しみたい。
さりげなく和を感じるイタリアン

オーナーシェフで、ソムリエの資格を持つ森田篤史さんは、奈良県内のイタリアンで18年ものキャリアを重ね、2年前に独立した。その間、クラシックなイタリアンの技量とワインの知識をみっちりと習得。しかし、独立するにあたり、「日本ならではのイタリアン」をコンセプトに掲げた。「お客様に喜んでいただくことがすべて。おもてなしの心でという気持ちから、自然に和のテイストを加えるようになりました」と語る。調味料や調理に和のエッセンスを織り交ぜるだけでなく、器も信楽焼などの土鍋や陶器を多用する。森田さんの料理は、できる限り素材の持ち味を生かしたシンプルな味付けが特徴。そうした料理に、ソムリエとして選んだワインをペアリング。

毎日届く鮮魚は信頼のおける仲買人から届くものを使用、野菜は奈良産を中心に、全国から美味しいと思うものを取り寄せる。また、チーズにもコースを設定するほど力を入れる。ワインとチーズで、バー的な用途も歓迎という柔軟な姿勢もうれしい。

▲クラシックなイタリアンから、手打ちのタリオリーニ 1,620 円。奈良のブランド肉、大和ポークと吉野の原木シイタケのラグーソース。パスタの種類は、日替わりで。

▲ 2 つのテーブルとカウンターのみの店内。カウンターでワインとチーズという楽しみ方もできる。

MENU

◆ランチ

Aコース …… 1,730円
Bコース …… 2,590円

◆ディナー

チーズコース …… 4,750円
本日のコース …… 3,780円

（※料金は、すべて税込）

写真はすべてアラカルトメニューから。

▲和食のお造り感覚でいただく、本日の鮮魚のカルパッチョ 1,260 円。カツオ、桜エビ、ウニを、レモンやハーブで香り付けしたオリーブオイルと五島列島の甘い一番塩でシンプルにいただく。

▲チーズの盛合せ　1,620 円。ハードからウオッシュタイプまで、少量ずつを盛り合わせる。チーズは、好みに応じて 1 種類からも注文可能。ワインは、グラス 800 円～、ボトル 4,320 円～。

◀新大宮駅から至近距離。会社とマンションに囲まれた立地にある。

☎：0742-35-8170

住所：奈良県奈良市芝辻町4-6-14 澤井ビル1階
アクセス：近鉄新大宮駅から徒歩約3分
営業時間：12：00～14：00（L.O.）、17：30～22：30（L.O.）
定休日：日曜
カード：可（ランチ不可）
席数：15席（テーブル8席、カウンター7席）
喫煙：完全禁煙
予約：可
料金の目安：昼2,160円～、夜5,400円～
駐車場：2台
HP：http://www.banchetti-nara.com/

▼オーナーシェフの森田篤史さん。ソムリエとしてワインの相談にも乗ってくれる。

長田さんが最も得意とするのが、ハモを使った料理。定番の落としや焼きの他にも、ハモしゃぶが人気。
ハモの味を損なわないよう、ミツバなどの具でシンプルにいただく。

《 学園前 》

小粋料理《こいきりょうり》 万惣《まんそう》

日本料理

厳選した食材を即興でコースに。カウンターで堪能する食事と会話

「食べに行ったら、おもろい、笑かしてくれた。そんな雰囲気づくりを大切にしています」と、店主の長田耕爾さん。銀座、大阪、神戸で修業を重ね、地元奈良にお店を出したのが34年前。師匠の「喰い切り料理の真髄はカウンターにある」という教えに基づき、カウンターとまな板の間は、ほんのわずか。軽快な会話でお客を楽しませるだけでなく、その多様な要望にも応えていく。

「これとこれがあるけれど、どうします」と、その日にある素材を示し、料理法と合わせるお酒を相談。決まれば、即興でコースを仕上げていく。高い技術と豊富な引き出しがなせる業だが、すべてはお客を喜ばせるための心意気でもある。

「この歳になったら、何をしても構わんやろ」と、和を基本にしながら洋も織り交ぜていく、変幻自在な献立。近隣へのケータリングや室生の宿『ささゆり庵』での出張料理も始めた。「いろいろな人に喜んでもらえるのが一番」。長田さんのもてなしの精神は、今なお発展中だ。

▲ハモと並び、長田さんが得意とするスッポン料理。吸い物は、プルッとしたスッポンの身と滋味深い味わいのだしが特徴。

MENU

◆ランチ

おまかせコース	4,500円
おまかせコース	6,000円
おまかせコース	8,000円

◆ディナー

おまかせコース	8,000〜20,000円

（※料金は、すべて税別・サービス料別）

写真はすべて夜のおまかせコース10,000円から。

▲全国から取り寄せる魚介は、神戸時代に培った目利きで厳選する。ヒラメの昆布締めと蒸しアワビ。

▲カウンターとテーブル。しかし、あくまでメインは７席のカウンター。

▶ハモとブルーチーズ。丁重に骨切りした生のハモにブルーチーズを合わせる。豊富なワインとともに。

▲４室ある個室の１室。特別な日の集まりに重宝する。

☎：0742-47-4966

住所：奈良県奈良市舞鶴東町2-26　サンクレインビル2階
アクセス：近鉄学園前駅から車約6分
営業時間：11：30〜15：00、17：00〜22：00（L.O.）
定休日：不定休
カード：可
席数：21席（カウンター7席、テーブル14席、個室4室）
喫煙：全席禁煙
予約：要予約
料金の目安：昼5,000円〜、夜10,000円〜
駐車場：6台
HP：なし

▼店主の長田耕爾さん。見事なハモの骨切りを披露。

左上から時計回りに、イカ 350 円、マグロ 350 円、コハダ 250 円、中トロ 600 円。マグロと中トロは、近海ものを使用。浅めに締めたコハダには、スダチをひとしずく垂らす。

《 学園前 》

吉平《きっぺい》

| 鮨 |

半世紀のキャリアを誇る職人が、絶品のにぎりを1カンずつ提供

高級住宅地、登美ヶ丘で20年、地元とともに年輪を重ねた鮨店。店主の足立佳壽久さんは、約半世紀のキャリアを誇る熟練の鮨職人。営業日には、毎朝5時半に起きて、鶴橋市場へ出向き、長年培った目利きで仕入れを行う。そして、厳選した魚介を、ほんのりと甘い人肌のシャリで握る。手を加えずに美味しいネタはそのまま、コハダ、ハマグリ、クルマエビなどにはしっかりと江戸前風の丁重な仕事を施す。

そして、にぎり鮨を追求するあまり、あえて一品料理は出さない。にぎりも1カンずつ注文ができる、昔ながらのスタイルを貫く。カウンターの正面には、にぎり1カンの価格を記した木札が並ぶが、その種類は30を超える。何をにぎってもらおうか、思わず笑みがこぼれてしまいそうだ。

「ご夫婦、お子様連れと幅広いお客様がいらっしゃいます。値段を気にせずに、好きなネタを好きなだけ、召し上がっていただきたい」。と足立さん。その笑顔とともに美味しいにぎりを楽しもう。

▲活きものを使うクルマエビ 500 円、小ダイのにぎりを巻いた赤カブ 400 円、身の透き通った美しいサヨリ 300 円、アカガイ 500 円。タマゴ 300 円はクルマエビのすり身を使う、キス昆布締め 300 円～、トリガイ 400 円～、ふっくらと仕上げた煮ハマグリ600円。

▲この地で 20 年。高級住宅地の一画に瀟洒なお店を構える。

▲座敷は、2 室。月をイメージしたという丸窓がお洒落な空間を演出。

MENU

◆ランチ

にぎり(1カン)	250円～
生ビール(中瓶)	650円
日本酒(1合)	600円

(※料金は、すべて税込)

写真はすべてアラカルトメニューから。

▲朗らかな人柄で人気の、足立佳壽久さん。半世紀にわたり鮨をにぎり続ける。

▲清潔感あふれるカウンター席。カウンターの正面には、にぎり1カンの価格を記した木札が並ぶ。

住所：奈良県奈良市登美ヶ丘2-3-18
アクセス：近鉄学園前駅から車約5分
営業時間：11:00～14:00、17:00～20:30
定休日：月・火曜（祝日の場合は営業、翌日休）
カード：可
席数：33席（カウンター11席、座敷12席）
喫煙：完全禁煙
予約：ベター
料金の目安：昼2,200円～、夜4,000円～
駐車場：6台
HP：なし

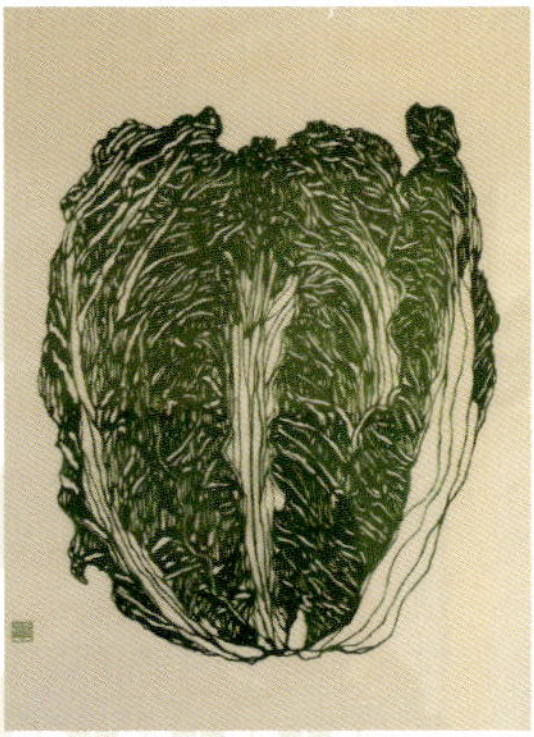

▲見事な細工のバラン切りは、足立さんの趣味。確かな鮨職人の証である。

メインの肉料理は、大和牛のテール48時間ロースト。低温でじっくり火を入れることで、筋がほどけ、身がジューシーに。ヘーゼルナッツのソースに、季節の野菜が添えられる。

《 学園前 》

Alcyone

アルキオーネ

| 西洋料理 |

フレンチ、イタリア、和の要素が融合した、遊び心あふれる料理

「ユーモアを盛り込んだ料理で、喜んでいただきたい」と語るオーナーシェフの三木好示さん。名古屋のイタリアン、フレンチで、シェフ経験も含め18年のキャリアを積み、奥様の地元奈良で独立を果たした。お店の場所は、学園前駅から車で5～6分ほど、閑静で清潔感のある町の中に溶け込んでいる。

三木さんのつくる料理は、イタリアン、フレンチと、どれにもとらわれない、ジャンルレスな料理。目指すところはしごく明快。日本の滋味豊かな食材にこだわり、それを引き立たせるための調理だ。それでいて、ほぐしたスッポンをサルシッチャにしたり、フォアグラのムースを金柑に見立てたりと、遊び心も忘れない。だから、食べ手は、一皿が終わる度に、「次に出てくるのは何だろう?」と、期待に胸を膨らます。

店名の『アルキオーネ』とは、スバル座の星の中で、小さくても太陽の500倍の光を放つ星。三木さんの「西洋料理」も、その輝き同様に、まばゆい存在感に満ちている。

▶魚料理は、クエのヴァポーレ。ヴァポーレは、和歌山直送のクエを蒸し、ビーツのみぞれソースでいただく。すりおろしたビーツのシャリシャリとた食感が舌に心地よい。

▲遊び心満点のメニュー、スッポンの揚げリゾット。スッポンのコンソメでリゾットをつくり、一度乾燥させてからフリット。スッポンのソーセージ、サルシッチャを中心に、スッポンのコンソメを流し込む。

▲前菜は、名付けて、ニシン蕎麦。そば粉のクレープの上に、ワインビネガーでマリネしたニシン。蕎麦の実をのせ、自家製レンズ豆のみそと自家製ドライトマトを添える。

MENU

◆ランチ

パスタコース	2,500円
パスタとメインコース	3,500円
パスタとメイン2品のコース	5,000円

◆ディナー

シェフのおまかせコース	4,500円
シェフのおまかせコース	6,000円
シェフのおまかせコース	8,000円
シェフのおまかせコース	10,000円

(※料金は、すべて税別)

写真はすべてシェフのおまかせコース 10,000 円から。

▲町並みに溶け込む白い外観。奈良市の中心地から少し離れた住宅地にある。

▲基本、ご夫婦で切り盛りする、カウンターと 2 つのテーブルというこぢんまりした店内。

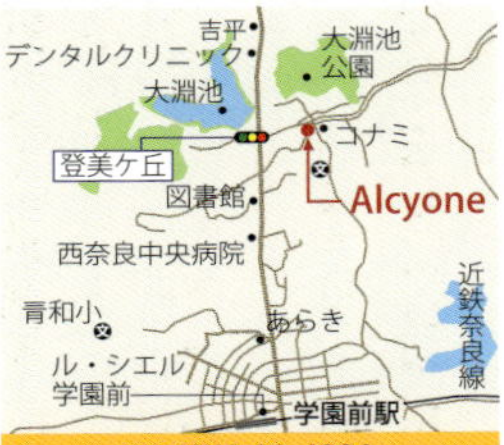

☎：0742-93-4664

住所：奈良県奈良市舞鶴東町2-26 サンクレインビル1階
アクセス：近鉄学園前駅から車約6分
営業時間：11：30～13：00（入店）、18：00～21：00（入店）
定休日：月曜
カード：可
席数：18席（テーブル10席、カウンター8席）
喫煙：完全禁煙
予約：要予約
料金の目安：昼3,000円～、夜6,000円～
駐車場：5台
HP：http://alcyone-nara.com/

▼オーナーシェフの三木好示さん。ジャンルレスな料理が存在感を放つ。

旬のお造りの盛合せ 3,500 円～（2 人前）。魚には絶対的な自信を持ち、ほとんどお客が注文。
「奈良は魚がまずいというのを払拭したい」と荒木さん。

《 学園前 》

あらき

あらき

| 日本料理 |

新鮮な地場の旬の食材を極めた本格京料理を厳選の日本酒とともに

「人を良くすると書いて食。食の本来の意味と四季を大切にした日本料理を追求していきたい」と語る店主の荒木稔哉さんは、京都祇園の乃り泉、裏千家茶道会館の庖一などで腕を磨いてきた生粋の京料理人。季節に合わせた厳選食材を使用した料理を、こだわりの日本酒で楽しむ料理屋を開店させた。

荒木さんのこだわりは、新鮮で安心できる旬の食材。そのため、野菜や卵は地場のものをなるべく使用し、魚介は、毎朝4時に市場に出かけて、長年の経験を活かした目利きで旬の素材を仕入れる。この素材のよさと、調理の技によりさらなる高みへと引き上げた料理の数々が評判だ。昼は、会席スタイル、お弁当スタイルの京料理を楽しめる。

夜は、旬の食材を使って季節ごとにアレンジした懐石のコース料理と、蛇腹折の品書きに記された50種にもおよぶ酒肴に最適なアラカルトからなる。日本酒も厳選し、料理に合ったおすすめの酒とともに、贅を凝らした食事のひと時を堪能できる。

MENU

◆ランチ

四季膳 ………… 2,376円
四季膳（茶碗蒸し付）………… 2,700円
コース ………… 4,860円

◆ディナー

おまかせコース ………… 6,480円
おまかせコース ………… 8,640円
おまかせコース ………… 10,800円

（※料金は、すべて税込）

アラカルトメニュー多数。写真はすべてアラカルトメニューから

▲季節の八寸盛合せ 1,800 ～ 2,000 円。1 月と 3 月は百人一首の器を用いて、季節感を演出。

▲カウンター席の後ろには、各地の窯元を訪ね、収集した器が並ぶ。

▲長岡京物集の農家から届く朝掘り筍を使った若竹煮 1,800 円前後。癖がなく柔らかい。

◀道明寺桜蒸し。桜餅の餡代わりに、マダイの柚子味噌を入れる。

▶高級住宅地を控えた学園前らしく落ち着いた雰囲気の外観。

☎：0742-41-1148

住所：奈良県奈良市学園北1-15-26
アクセス：近鉄学園前駅から徒歩約5分
営業時間：11：30～14：00（L.O.）、17：00～22：00（L.O.）
定休日：月曜
カード：可
席数：24席（テーブル16席、カウンター8席）
喫煙：全席禁煙
予約：要予約
料金の目安：昼2,376円～、夜6,000円～
駐車場：4台
HP：http://shunsai-araki.com/

▼店主の荒木稔哉さん。「少しずつ、美味しいものを」と酒好きにはうれしい言葉。

本日のカリーは、カレーリストからお好みのものが選べる。
国産小麦を使用したナンとロティ、プラオとともに味わう。

《富雄》

まさら庵 TAKUMI

まさらあん たくみ

| インド料理 |

地元食材を使ったインド風創作スパイス料理を古民家で味わう

築150年の古民家を改装したインド料理店。木の温もりを感じる、ゆったりとした座敷で、コース仕立てのスパイスが効いた料理を味わう。

オーナーシェフの阪中巧さんは、宮廷インド料理の老舗「タゴール」で腕を磨き、木津川でインド料理店を10年間経営してきた。「もっと小さな規模の店舗で、こだわりの料理を提供したい」と思い立って、奈良に新たなお店を開店させた。完全予約制で、ランチは2種、ディナーは3コースと絞り込んだのも、そのこだわりから。

食材は大和肉鶏や大和牛、大和ポークなど地元奈良のブランド肉や、契約農家の生産する新鮮な地場野菜を使う。純国産でまかなうインド料理という目標を掲げてきたが、スパイスは国外のものに頼ってきた。しかし、「沖縄でスパイスをつくる農家の方と知り合いになれました。これからは、徐々に国産スパイスを使った料理を増やしていこうと思います」。阪中さんは、また新たな目標に向かって一歩踏み出した。

▲トマトカリーグラタン。トマトベースのカリーにベシャメルソースを合わせ、チーズをのせて焼き上げた印・洋融合の料理。

▲タンドール炭火焼のポークスペアリブ。ランチは、チキン、ポークスペアリブ、エビから選択、ディナーは、これに仔羊がプラスされる。

▲もと庄屋の家柄といわれる貫禄ある屋敷でゆったりとインド料理を。

▲見て楽しく、食べて美味しい、まさら八寸。自家製大和ポークハムと林檎のサラダ、鰹のカルパッチョ、三輪手延べパスタ・お魚のキーマソースなど。

MENU

◆ランチ

コース	2,600円
コース	3,600円

◆ディナー

コース	3,240円
コース	4,320円
コース	5,400円

（※料金は､すべて税込）

写真はすべてランチコース 3,600 円から。

◀築 150 年の古民家をリニューアル。床は畳をはがして、フローリングにと手を入れている。

☎：0742-47-1601

住所：奈良県奈良市中町2281
アクセス：近鉄富雄駅から車約4分
営業時間：12：00～13：00（L.O.）、18：00～20：00（L.O.）
定休日：火曜、不定休
カード：不可
席数：20席（テーブル20席）
喫煙：全席禁煙
予約：完全予約制
料金の目安：昼3,000円～、夜6,000円～
駐車場：5台
HP：なし

▼オーナーシェフの阪中巧さん（左）。インド料理の定番を覆すメニューを展開。

前菜の盛合せ 1人前1,500円。自家製生ハムサラミ、旬の魚のスモーク、たっぷりの野菜など10種類以上の前菜が盛りだくさん。まずは、これでワインを楽しもう。

《 富雄 》

Trattoria La Crocetta

トラットリア ラ クロチェッタ

| イタリア料理 |

厳選食材と自家製にこだわる 本格イタリア料理を堪能する

ジビエ料理で知られる、ならまちの『リストランテ・リンコントロ』のオーナーシェフの西岡正人さんが、オーナーを務めるイタリアン『リンコントロ』同様に、自家製の生ハムやサラミが盛り込まれるオードブルが人気だが、こちらは、少しだけカジュアルに、店内の石窯で焼いたナポリピッツァや生パスタなどのメニューも多彩。

「肉料理が中心と思われているお客様も多いのですが、魚介や野菜を使った料理にも力を入れています」と語るのは、店長の佐賀拓也さん。美味しくて安全な食材を全国各地の生産者から直送で仕入れ、加工はできる限り自家製にこだわっている。奈良市街からやや距離のある郊外に立地しているため、隠れた名店ともいえる存在だった。しかし、その評判が奈良周辺はもちろんのこと県外にも広がり、開店から10年目を迎えた現在、美味しいイタリアンを求めて大阪から通う常連客も増えている。住宅地ということもあり、オードブルやピッツァはテイクアウトも可能だ。

▲アラカルトの人気メニュー窯焼きピザの中でも、シンプルなマルゲリータ 1,300 円は特に人気。

▲ピザとオードブルはテイクアウト可能。ちょっとしたハウスパーティに喜ばれている。オードブルは前日までに予約を。

▲手打ちパスタのスパゲッティ生ウニのペペロンチーノ風 自家製カラスミ添え 1,600 円。ホウレンソウを練り込んだパスタを使う定番メニュー。

▲石窯が据えられた店内には、薪が並べられている。

◀ファミリー層も多いため、店内には子供が喜ぶ小物が置かれている。

MENU

◆ランチ

PRANZO A	1,480円
PRANZO B	1,980円
PRANZO C	3,890円

◆ディナー

CENA Deigiorno	5,000円
CENA Spesialita	8,000円

（※料金は、すべて税別）

アラカルトメニュー多数あり。写真はすべてアラカルトメニューから。

住所：奈良県奈良市中町313-3
アクセス：近鉄富雄駅から車約5分
営業時間：11：30〜14：30、18：00〜22：00
定休日：月曜
カード：可
席数：36席（テーブル36席）
喫煙：全席禁煙
予約：要予約
料金の目安：昼1,480円〜、夜5,000円〜
駐車場：20台
HP：http://crocetta.nara.jp/crocetta/

▲奈良市内からも、大阪市内からも便利な立地。

【コラム】
奈良の食文化探訪

7
大和茶
YAMATO CHA

奈良は全国屈指のお茶どころとして知られ、そのお茶は大和茶と呼ばれている。生産地は、主に自然豊かな山間部である月ヶ瀬や田原などが有名。大和茶の歴史は古く、弘法大師空海が唐よりお茶の種を持ち帰り、宇陀に植えたことが起源とされる。お茶は、仏教と深いかかわりあいをもっていたため、寺院を中心に広がっていく。奈良時代、聖武天皇の御代には、宮中で衆僧に「引茶」を賜る儀式が記録され、奈良名物のひとつである茶粥のはじまりもこの時代とされる。お茶は古来から、その成分が万病に効く薬として重宝された。

現在、大和茶は、標高200～600mの大和高原一帯で栽培されるが、年間の平均気温13～15度という冷涼地で、昼夜の温度差が大きいことから、自然な甘味や旨味が生きた茶葉が収穫できる。また、朝霧が発生しやすいことから茶葉が潤うという利点がある。大和茶は、渋みの中に深い旨味があり、あと味もすっきりしているのが特徴。健康飲料としても評価が高い。

▲大和高原を中心とする茶畑。

▲深い旨味が特徴の大和茶。

8
お米
RICE

日本人の主食として、その食生活と切っても切り離せないのがお米。全国的にブランド米が有名で、コシヒカリ、ササニシキ、あきたこまちなどがよく知られている。しかし、奈良県にも美味しいお米があることは、あまり知られていないのではないだろうか。奈良の飲食店で、お米にこだわりをもっているお店で食事をすると、「うちはヒノヒカリを使っています」という言葉をよく聞く。

ヒノヒカリは宮崎県総合農業試験場で育成され、愛知四〇号とコシヒカリの組合せからできた品種。この育成の時点で、美味しいお米を目指して改良が加えられ、さらに、奈良県での栽培や味覚的なニーズが合うかどうかも試験、検討がされた。こうして、完成したヒノヒカリは、県下で多く栽培されるお米となった。コシヒカリを凌ぐお米を目指したという、その特徴は、小粒ながら、適度な粘りと上品な香りがあり、ふんわりとしたお米本来の味が楽しめること。どんなメニューにもよく合うのも、喜ばれている要因だ。

▲奈良県下で60%ほどの比率を占めるヒノヒカリ。

▲お米本来の味が楽しめると評判。

NARA GOURMET

奈良広域エリア

奈良中心部から少しだけ離れた奈良県内の美食どころ。
自然と歴史に囲まれたエリアが多く、料理とともに、
奈良の懐の深さも実感できる。
ゆっくりと時間をかけて、お店を取り巻く環境とともに、
美味しい料理を味わいたい。

前菜の橿原産のアスパラガス、リコッタチーズのソース。アスパラは、アサリの出汁で茹で、奈良のワサビで香り付けしたリコッタチーズのソースをかける。熟す前のイチゴと野迫川のアマゴの生ハム風をあしらう。アマゴは、塩漬けして、少しだけスモーク。

《 生駒市 》

communico

コムニコ

| イタリア料理 |

産地の情景が脳裏に浮かぶ、奈良への愛情たっぷりの料理

「その日、その瞬間の奈良の自然を味わっていただきたい」と語る、オーナーシェフの堀田大樹さん。本場イタリアでの修業、奈良のリストランテ、京都のフレンチを経て、「アコルドゥ」グループのモダンスパニッシュ「アバロッツ」では、料理長を務めた。そして、2018年2月に独立。

「生産者のもとには、必ず足を運んでいます。例えば、農家なら野菜がどのような風景の中で育っているか。それを実際に見ることにより、その情景をイメージして料理に反映させます」。こうした考えは、「アコルドゥ」のオーナーシェフ川島宙さんからの薫陶が大きいと振り返る。

堀田さんの料理には、ひと皿、ひと皿に奈良の食材に対しての物語と愛情が描かれている。食べ手はその繊細で端正な味から、季節とその織りなす情景、そして、匂いを感じ取る。店名の『コムニコ』とは、ラテン語で「分かち合い」の意味。その刹那に、いとしいまでの存在感を示す奈良の食材をいただく喜びを分かち合いたい。

▲気軽にお酒を楽しめる雰囲気。ワインの他、地元の清酒も揃える。ワインは、料理とのペアリングコースもある。

▲料理長を務めた［アバロッツ］を引き継ぎ、多少のリニューアルを加えた店内。

MENU

◆ランチ・ディナー

シェフのおまかせコース	4,500円

◆ディナー

シェフのおまかせコース	8,000円
ワインのペアリングコース4杯	3,500円
ボトルワイン	5,000円～
グラスワイン	1,000円～

（※料金は、すべて税別・サービス料別）

写真はすべて夜のシェフのおまかせコース8,000円から。

▲全粒粉を加えた、手打ちのショートパスタ。ソースは、大和牛のスネ肉のラグー。つくしのフリット、天然ミツバを添える。パルメザンチーズを泡状にしたものをのせる。「土の香りを感じていただけたら」と堀田さん。

▲デザートは、古都華のコンポート。生駒の清酒のグラニテをのせる。アイスクリームは酒粕とホワイトチョコレートを合わせたもの。それと相性の良い、ブラックオリーブのメレンゲを添える。

◀お店は、東生駒駅と菜畑駅からほぼ同距離の場所にある。

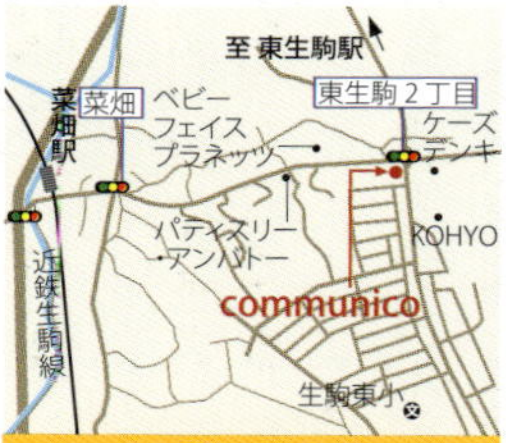

☎：0743-85-6491

住所：奈良県生駒市東生駒2-207-1-111
アクセス：近鉄東生駒駅・菜畑駅から徒歩約12分
営業時間：12:30～、18:30～（それぞれスタート）
定休日：月曜
カード：可
席数：12席（テーブル12席）
喫煙：全席禁煙　予約：要予約
料金の目安：昼5,000円～、夜10,000円～
駐車場：なし
HP：https://www.facebook.com/Communico-158132791502113/

▼オーナーシェフの堀田大樹さんとマダムの澄子さん。基本的にお二人で切り盛りする。

ダルバート1,600円〜。
いろいろな野菜をふんだんに使った豪華版のオリジナルダルバート。

《 生駒市 》

PARIWAR

パリワール

| ネパール・チベット・インド料理 |

無農薬野菜にこだわり、添加物を使わない。安心で美味しいエスニック

ダルバートをはじめ、ネパール、インド、チベットの家庭料理がいただけるエスニック料理店。ダルバートとは、ネパールの代表的な料理で、ダルは、小粒の豆を使ったスープ、バートは、ごはんの意味。これに通常3種類のおかずの、タルカリ（炒めた野菜）、サーグ（青菜の炒めもの）、アルツゥール（辛口の漬物）が付くが、『パリワール』では、野菜をふんだんに使った豪華版のオリジナルダルバートがいただける。現地ネパールのスタイル同様に、メイン以外はすべてお代わり自由というのもうれしい。

さらに、より安心な食事の提供のため、野菜類はできる限り自家菜園の無農薬野菜や奈良産の減農薬野菜を使用。また、料理に不可欠なスパイス類もオーガニックものを用い、お皿を洗う洗剤も純石鹸を使用する。

さらに、「おすすめを」とお願いすると、メニューにないオリジナルの料理を出してくれるという、懐の深さも。メニューにない料理の情報は、facebook「パリワール生駒」をチェックしてみよう。

▲日本に居ながらネパールの雰囲気が漂う。

▲チベットセット 1,100 円～。少し辛めの料理が盛り込まれる。

▲異国情緒あふれる外観。本物のネパールの味を求めて賑わう。

▲パリワール焼きそば 800 円。化学調味料を使わないので、子供からお年寄りまで安心して食べられる。

MENU

◆ランチ・ディナー

チベットセット	1,100円～
ダルバート	1,600円～
パリワール焼きそば	800円

(※料金は、すべて税別)

写真はすべてアラカルトメニューから。
※ただし、メニューは 2018年7月1日からリニューアル。

◀カウンター席もあり、お一人様にはうれしい。

▼スタッフのキョンさん。「お気軽にお一人様からでもお越しくださいね」。

住所：奈良県生駒市小明町155-4
アクセス：近鉄東生駒駅から車約3分
営業時間：12:00～14:30、18:00～20:00（L.O.）
定休日：火曜
カード：不可
席数：24席（テーブル24席）
喫煙：完全禁煙
予約：要予約
料金の目安：昼2,000円～、夜2,000円～
駐車場：7台
HP：http://www.pariwar.biz/

ランチタイムの翁弁当1,500円。『翁』の味がコンパクトに詰め込まれた人気のお弁当。
城下町大和郡山散策のお昼に最適と観光客からも喜ばれている。

《 大和郡山市 》

季節料理 翁

きせつりょうり おきな

| 日本料理 |

蓮根饅頭が名物！地元の野菜と新鮮な魚介を繊細な手法で提供

城下町大和郡山の中でも、その面影を色濃く残す紺屋町界隈。紺屋川に沿って続く歴史ある町並みに溶け込むようにある日本料理店。主人の翁隆晃さんは、大阪の懐石料理店での修業の後、生まれ故郷に近い大和郡山で独立、お店の暖簾を掲げた。

こだわりは、修業時代にみっちりと学んだ季節を大切にするという教え。時間を見つけては奈良中央市場に足を運び、馴染みの仲卸から新鮮な魚介を仕入れ、野菜は地元大和郡山の農家から分けてもらう伝統野菜を中心に用いる。冬のフグ、夏から秋にかけてのハモやアユを使った一品は『翁』の名物的な献立。名物といえば、筒井のレンコンを使った蓮根饅頭は、テレビなどでも紹介されるほど評判で、コースには必ず入る逸品。独特の粘りとシャリシャリとした食感にファンが多い。

「近ごろは地元のお客様に加え、観光客の方にもご来店いただいています」と翁さん。名物の蓮根饅頭をはじめ、繊細な手法が光る季節料理は、注目の的だ。

▶『翁』の名物、蓮根饅頭。すりおろしたレンコンと刻んだレンコンを吉野葛でかためたものを餡かけにする。

▼少人数やお一人様には手軽なカウンター席がある。

▲落ち着いた雰囲気の和風の店内。

▲特別な日の集まりには個室がおすすめ。

MENU

◆ランチ

翁弁当 ………… 1,500円

◆ディナー

月コース ………… 4,320円

雪コース ………… 5,400円

翁会席 ………… 6,480円

（※料金は、すべて税込）

写真は昼の定食、コース、夜のコースから。

▲新鮮なお造りの盛合せ。昼のお造り定食から。

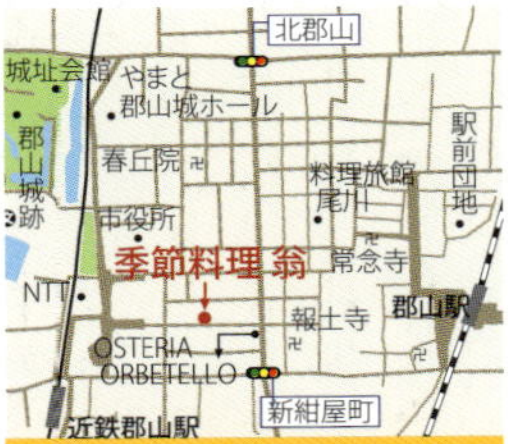

☎：0743-52-3646

住所：奈良県大和郡山市紺屋町33-2
アクセス：近鉄郡山駅から徒歩約5分
営業時間：11:30～14:00（L.O.）、17:30～20:30（L.O.）
定休日：月曜
カード：可
席数：44席（カウンター4席、座敷40席）
喫煙：全席禁煙
予約：可
料金の目安：昼1,500円～、夜5,000円～
駐車場：なし
HP：http://okina-nara.com/

▼店主の翁隆晃さん。明るく気軽な人柄が人気。

黒毛和牛のローストと自家農園の温野菜。厳選された黒毛和牛に、
自家菜園で採れたグリーンアスパラなど滋味深い味わいの野菜たちを添えて。

《 大和郡山市 》

Le BENKEI

ル ベンケイ

| フランス料理 |

郡山城跡にほど近い、
奈良を代表するグラン・メゾン

歴史ある城下町として知られる大和郡山。その中心ともいえる郡山城跡の近くに、2000坪もの広大な敷地を有する。1975年に「古代から都が置かれた奈良こそ日本文化と食文化発祥の地」との考えを踏まえ、それにふさわしいフランス料理店としてオープンした。以来、43年にわたり、地元奈良はもとより京阪神の人々に親しまれ、さらには、皇族や各国の来賓が訪れる名店として全国に知られる存在に。

オーナーシェフの尾川欣司さんの紡ぎ出すフレンチは、クラシックなフランス料理に、和の美意識を加える創意に富んだ品々。そこには、自家菜園や果樹園で収穫した野菜や果物の他、長年にわたり信頼を深めてきた地元奈良の生産者から送られてくる滋味に富んだ野菜や肉が使われる。食材の魅力を存分に表現した季節感あふれる料理は、お店の歩んできた歴史と感性が織りなすもの。奈良を代表するグラン・メゾンとして、これからも地元との絆はさらに深まっていくことだろう。

▲オマール海老と穀類のサラダ、バニラとコリアンダーの香りとともに。地元でとれる色とりどりの豆や穀物と、絶妙に火入れしたオマール海老の滋味深い味わいのサラダ。かすかなエスニックな香りを楽しむ。

▲天然帆立貝のポワレとマンゴーのサラダ。ラデッキオと新鮮なオリーブオイル、芽吹き始めたバジルとトマトの初夏のサラダ。

▲敷地内に咲くカモミールのソルベとガナッシュと木イチゴのムース。春先に庭に咲き広がるカモミールをミルクで煮出したアイスクリーム、サクサクの生地の中に軽やかなエスプーマと濃厚なチョコレートで仕上げる。

▲ハレの日にも活用したいフランス料理店。ドレスコードがあるので、事前に問い合わせを。

◀郡山城跡の近くに、約2,000坪もの広大な敷地を有する。バリアフリーも整い、シルバー世代も安心。

MENU

◆ランチ

和牛ステーキのコース	7,000円
魚介の盛り合わせのコース	7,000円
フルコース	9,000円

◆ディナー

リヨンコース	12,000円
パリコース	15,000円
ベルサイユコース	20,000円
ムニュスペシャル	30,000円

(※料金は、すべて税別・サービス料別)

写真はすべて20,000円ディナーコースから。

住所:奈良県大和郡山市北郡山町276-1
アクセス:近鉄郡山駅から徒歩約10分
営業時間:11:30〜14:00(L.O.)、17:00〜21:00(L.O.)
定休日:月曜
カード:可
席数:250席(テーブル80席、個室5部屋170席)
喫煙:全席禁煙
予約:要予約
料金の目安:昼7,000円〜、夜15,000円〜
駐車場:70台
HP:http://www.benkei.ne.jp/

▼オーナーシェフの尾川欣司さん。伝統的な食材を活かしたフランス料理を追求する。

八寸。内容は季節により異なる。この日は、油目（アイナメ）木の芽焼き、針魚（サヨリ）手綱寿司、三色百合根団子、筍木の芽和え、鮑福良煮など、春爛漫が盛り込まれる。

《 大和郡山市 》

料理旅館 尾川

りょうりりょかん おがわ

| 日本料理 |

四季の移ろいの美しい庭園と旬の素材を生かした本格懐石を味わう

歴史ある城下町のたたずまいを色濃く残す街並みの一角。格調高い雰囲気を漂わせる建物が印象的な料理旅館・料理店。

ここは、茶道の美意識と精神に則った庭園のある名料理店として知られてきた。熟練の料理人が腕を振るう旬の厳選素材の懐石料理や松花堂弁当が有名で、庭園の演出する四季の移ろいとともに、美味しい料理を楽しめる。

また、大小さまざまな部屋を利用できることから、地元の人々のお祝いの宴の場として親しまれてきたお店でもある。庭園の中に、評判の茶室が設えられていることから、お茶会も行われている。

歴史を紐解くと、3代前の主人が明治時代中頃に現在の近鉄郡山駅付近で創業したのが『尾川』の始まり。約70年前に料理旅館に衣替えした。代々受け継がれる懐石料理に磨きをかけ、地元の人々だけでなく、大和郡山を訪れる県外の人々にも広く知られるようになり、評判の料理店として賑わっている。

▶赤貝、独活を
重ね盛りした先付。
干し子、酢どり防風。
干し子は、ナマコの卵巣を
干した高級珍味。

▲向付は、伊勢海老あらい、三色より野菜。新鮮な活けイセエビは、華やかさを演出。

▲食事は基本、ゆったりとした座敷でいただく。要望により椅子席にも変更可能。

▲椀物は、毛蟹真薯。蓮芋、蕨、白木耳に、木の芽を添えて。

MENU

◆ランチ

お弁当 ……… 5,000円～
懐石コース ……… 6,000円

◆ディナー

季節の懐石コース ……… 8,000～15,000円
日本酒(萬穣) ……… 700円
ビール(中瓶) ……… 750円
焼酎 ……… 700円～

(※料金は、すべて税別・サービス料別)

写真は、すべて夜の13,000円の季節の懐石コースから。

◀部屋から眺められる庭園。茶道に通じる風情が活きている。

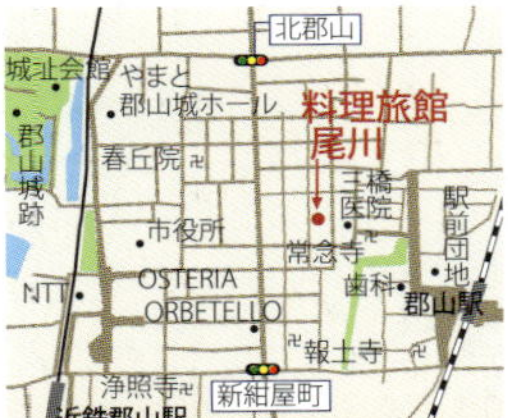

☎:0743-52-2162

住所:奈良県大和郡山市雑穀町17
アクセス:JR郡山駅から徒歩7分、
近鉄郡山駅から徒歩10分
営業時間:11:30～14:00、17:00～20:00(L.O.)
定休日:不定休
カード:可
席数:100席(椅子席70、座敷30席)
喫煙:完全禁煙　予約:要予約
料金の目安:昼4,500円～、夜8,000円～
駐車場:10台
HP:http://www1.kcn.ne.jp/~ajinoo/

▲大和郡山が誇る純和風建築。もちろん、宿泊も可能。

アジのエスカベッシュ 780 円。新鮮なアジをマリネした地中海風料理。たくさんの野菜とともにサラダ風にいただく。
他に、いわしのコンフィ 780 円やパンチェッタコータロースハム 780 円も人気。

《《 大和郡山市 》》

OSTERIA ORBETELLO

オステリア オルベテッロ

| イタリア料理 |

豊富なアラカルトメニューで、深夜までイタリアンとワインで乾杯

奈良市内にあった『オステリア バッヴォ』の中川圭シェフが、お店を自宅のある大和郡山市に移転させた。新店は、藍染職人が住んだ紺屋町にあり、夜になると紺屋川がライトアップに照らし出され、情緒も満点。

昼はコースのみだが、夜はアラカルトをメインとするイタリアン&ワインバーのスタイルに。手書きのメニューを眺めると、おつまみ、冷前菜、サラダ、温前菜、ピッツァ、パスタ、メイン料理などがぎっしりと書き込まれ、その数は60種類以上。そして、多くが1000円以下という価格にもびっくり。「JRでも近鉄でも、駅から歩いて7分以内。地元の方はもとより奈良市内からもお客様がいらっしゃる」と中川さん。

「美味しいのはもちろん、お客様が、笑って、食べて、飲んでという楽しい空間にしたい」。アラカルトとワインで、がっつりとイタリアンを味わうのもよし、カウンターでのちょい飲みもよし。ワイン好きなら、月といわず、週に何回も通いたくなるようなお店だ。

◀本日のおまかせパスタ、キノコのクリームソース1,300円。その日に食べた料理とかぶらないソースを用いてつくる。

▲トリッパと白インゲンのトマト煮780円。中川さんが初めて訪れたイタリア・トスカーナ地方の郷土料理。

▲オステリアとは、イタリア語で居酒屋の意味。そんな気軽な雰囲気の店内。

MENU

◆おつまみ

仏産チーズ3種盛り ―― 980円

◆温前菜

エビとマッシュルームのアヒージョ ―― 780円

◆ピッツァ

マルゲリータ ―― 880円

◆メイン料理

骨付き鴨もも肉のコンフィ ―― 1,500円

仏産ウズラの丸ごと香草パン粉焼き ― 2,000円

（※料金は、すべて税別）

写真はすべてアラカルトメニューから。

▲冷前菜のイタリアハム4種盛り1,480円。プロシュート、コッパ、サラミなどが盛り込まれる。それぞれ590円で単品もある。

◀お店の前には、藍染流しが行われた紺屋川が流れ、お隣には江戸時代から残る町家が。

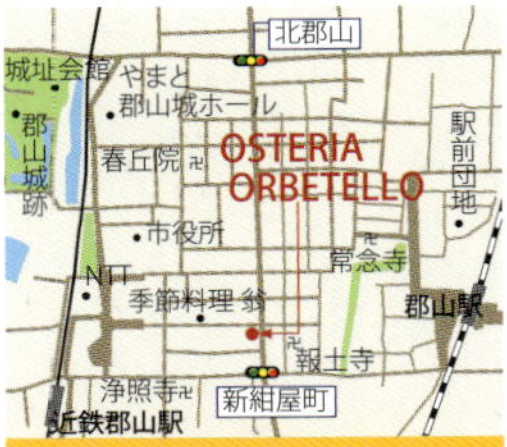

☎：0743-53-3183

住所：奈良県大和郡山市紺屋町10
アクセス：近鉄郡山駅から徒歩約5分
営業時間：11：30～14：00（閉店）、18：00～24：00（閉店）
定休日：火曜、不定休
カード：可
席数：14席（カウンター6席、テーブル8席）
喫煙：全席禁煙
予約：ベター
料金の目安：昼1,300円～、夜3,000円～
駐車場：なし
HP：なし

▼オーナーシェフの中川圭さん。前店同様に、お腹も心も満たされる料理を提供。

『綿宗』の伝統の逸品は「まむし」と呼ばれる名物の鰻丼 2,100 円。
これを目当てに、全国からお客が訪れる。

〈〈 大和郡山市 〉〉

綿宗《わたそう》

| 鰻料理 |

創業140年あまり、
老舗の重みを伝統の味「まむし」に感じる

近鉄二階堂駅から歩いて3分、古の宿場町の雰囲気を残すエリアがある。平城京から藤原京を経て、飛鳥古都に至る下ツ道の名残で、かつてこのあたりには、お伊勢参りの人々が泊まった宿場が立ち並んでいた。その中に、歴史を感じさせる連子格子の建物がぽつんと佇む。

ここが、創業140年という鰻料理の老舗『綿宗』だ。お店の名は、もともとは綿屋を商っており、主の宗助の頭文字から名付けられた。明治の初めは、近くを流れる川の水もきれいで、そこに棲むコイやフナ、ウナギなどの川魚を、初代が旅人に振る舞ったのが、料理屋としての始まりといわれる。

今は、鰻料理のみを商うが、名物は「まむし」と呼ばれる鰻丼。まんべんなくタレがまぶされた茶褐色のご飯の中に、脂がのった分厚い蒲焼きが2枚隠されている。この「まむし」を目当てに、全国からお客が訪れる。代々受け継がれる伝統の味は、5代目の奥田時夫さんから6代目の宗孝さんに、しっかりと引き継がれている。

▶蓋を取るとそこには、鰻の姿が見当たらない。まんべんなくタレがまぶされた黒いご飯をかき分けると、分厚いかば焼きが現れる。

▼２階に掛かる看板に、わずかながら「旅館」という文字が確認できる。

▲時代を感じさせる、連子格子の建物がひっそりと佇む。

▲店内には、代々使われてきた器や調度品が残る。

▲うまき 1,100 円。しっとりと焼き上げられただし巻き卵と、香ばしい鰻のコラボがうれしい一品。

MENU

◆ランチ・ディナー

定食	6,820円
鰻の蒲焼	2,100円
まむし	2,100円
うまき	1,100円
うざく	1,100円
きもやき	420円

（※料金は、すべて税別）

写真はすべてアラカルトメニューから。

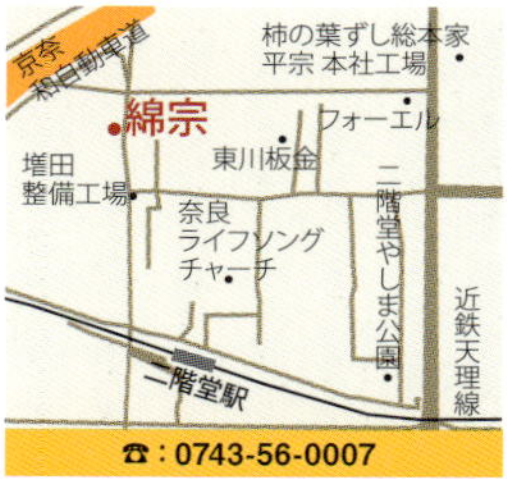

住所：奈良県大和郡山市八条町45
アクセス：近鉄二階堂駅から徒歩約3分
営業時間：11：00〜13：00、16：30〜19：00
定休日：毎月1・10・20日
カード：不可
席数：50席（個室）
喫煙：完全禁煙
予約：要予約
料金の目安：昼2,100円〜、夜2,100円〜
駐車場：6台
HP：なし

▲かつての宿場町だった面影が偲ばれる『綿宗』周辺。

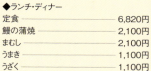

ランチの人気メニュー、ペアランチ 3,600 円。『Katsui』の美味しいところを味わえるお得なメニュー。牛ロースの照り焼きをメインに、シラサエビのフライ、メンチカツ、季節のサラダ、紀州の梅干し、豚汁。ごはんは、地元のヒノヒカリを使用。

《 天理市 》

洋食 Katsui 山の辺の道

ようしょく かつい やまのべのみち

| 洋食 |

地元からもトレッキング客からも親しまれる、絶品洋食の数々

日本最古の道とされる山の辺の道。三輪山の麓から奈良市内へと続く古道沿いには、たくさんの古墳や寺社、史跡が点在する。そんな、山の辺の道をめぐるハイカーや観光客の休憩所として親しまれる、天理市トレイルセンター内にある洋食店。

オーナーシェフの勝井景介さんは、センターのある柳本の出身。18年にわたり大阪ミナミで愛された『洋食 Katsui』を、2014年4月に故郷の地に移転した。新生『Katsui』のベースとなるのは、大和肉鶏や大和野菜といった地元奈良の恵み。こうした地場の食材をたくさん使い、大阪時代のクオリティーはそのままに、二人でシェアしていただくペアランチなどの新メニューも登場。早くも地元の人々の支持を得て、連日活況を呈する。

トレイルセンターの所長と、オーナーシェフという二足の草鞋を履きながら、さらなる趣向を取り入れたスタイルで洋食を展開する勝井さん。古道歩きと、ローカル線の途中下車を楽しみつつ、のんびりとした気分で訪ねてみたい。

▲店内は、大きなガラス張りで、明るい雰囲気にあふれている。

▲シャトーブリアンのビフカツ 3,800 円。メスの和牛にこだわる。ヒレの最上級シャトーブリアンは、歯をあてるとサクッとかみ切れるほどの柔らかさ。

▲お店の前には広いフリースペースがあり、地元の人々の憩いの場に。

▲オードブルの盛合せ 2 人前 2,800 円。サーモンのマリネ、シラサエビのカクテル、トリガイの握り寿司、アナゴフリット、牛もものコールドビーフ、フライドチキン、ホタルイカの酢味噌和え。

MENU

◆ランチ

ペアランチ ………… 3,600円
ハンバーグ定食 ………… 1,500円

◆ディナー

大和肉鶏のカツレツ ………… 1,800円
オムライス ………… 1,400円

（※料金は、すべて税別）

写真は昼のコース、夜のアラカルトメニューから。

◀目の前には、崇神天皇陵。長岳寺もほど近い。

▼小高い丘の上に建つ、天理市トレイルセンター。

住所：奈良県天理市柳本町577-1 天理市トレイルセンター内
アクセス：JR柳本駅から徒歩約15分
営業時間：11:00～14:00（ランチL.O.）、14:00～16:00（カフェL.O.）、
17:30～20:30（ディナーL.O.）
定休日：月曜（祝日の場合は翌日）、火曜・水曜の夜
カード：可
席数：14席（テーブル14席、フリースペース60席～）
喫煙：全席禁煙　予約：ベター
料金の目安：昼2,000円～、夜5,000円～
駐車場：ランチ時兼用、ディナー時兼用15台
HP：https://katsui1999.com/

【コラム】

日本酒と素麺発祥の地・三輪 お酒の神さま 大神神社

（おおみわじんじゃ）

▲背後にそびえる三輪山を祀る大神神社。

▲大神神社の参道に奉納される酒樽。

▲醸造安全祈願祭での「うま酒みわの舞」

大和国一の宮の格式を誇る大神神社。日本最古級の神社といわれ、三輪明神として、背後の三輪山をご神体として祀る。祭神が山に鎮まるため、古来より本殿を設けずに拝殿奥の三ツ鳥居を通して三輪山に祈りを捧げるという、神社の社殿が成立する以前の原初の神祀りの形を今に伝えている。

大神神社は、ご祭神として大物主大神を祀り、酒造りの神さまとして、多くの醸造家に崇敬されている。崇神天皇の時代に、大流行した疫病を鎮めるため、神に捧げる酒造りに挑んだ高橋活日命を大物主大神が助け、一晩で美酒の醸造に成功させたと『日本書紀』にある。この話から、三輪は日本酒発祥の地とされる。大神神社の拝殿には、酒の神のシンボルとして直径約1・7m、重さ約２００kgの大杉玉があり、この小型版が全国の酒造会社の軒先に吊るされている。

古来より、酒に酔っている状態は、一種のトランス状態であり、酒は神とつながるための大切なものとされてきた。神様に捧げる酒のことを「みき」というが、古代においては、「みわ」と読まれ、神を「みわ」と呼んでいた。大神と書いて「おおみわ」と読むのはこの名残だ。

毎年11月14日には、醸造安全祈願祭（酒まつり）が行われ、全国の酒造家や杜氏が参列し、醸造の安全を祈る。四人の巫女が杉を手に神楽「うま酒みわの舞」を舞い、境内では銘酒の展示が行われ、樽酒が参拝者に振る舞われる。また、前日には大杉玉が、神社職員の手によって、青々とした新しいものに取り替えられる。

大和国一之宮 三輪明神 大神神社／住所：奈良県桜井市大字三輪1422／電話：0744-42-6633

【コラム】

奈良の食文化探訪

9

日本酒

NIHON-SYU

日本酒発祥の地とされる、三輪に現存している唯一の酒蔵で350年もの歴史を誇るのが、『今西酒造』だ。銘酒「みむろ杉」「三諸杉」で知られる。現在の蔵主は、14代目の今西将之さん。酒の品質の基本となる米は、「山田錦」と奈良県唯一の酒造好適米「露葉風」を主力品種として用い、水は、「飲めば万病に効く」という三輪の御神水が湧き出る井戸からの伏流水を使う。

そして、お客様の「うまい!」という声のため、一切の妥協をせず、洗米、浸漬などの各工程において、ひと手間も、ふた手間もかけた小分けの作業を実践する。そのため、酒造りの期間は、9～5月と長期間となる。

こうして、つくられた日本酒は、ふくよかな味わいと芳醇な香りが特徴。中でも、「みむろ杉　ろまんシリーズ　純米吟醸　山田錦」は、無濾過ならではのフレッシュな飲み口で、「日本酒はちょっと」という人でも飲みやすく、女性にも人気が高い。

▲三輪で唯一現存する酒蔵・今西酒造。

◀限定流通ブランド「みむろ杉 ろまんシリーズ」。フレッシュな米の旨味が感じられる。

今西酒造株式会社
住所：奈良県桜井市大字三輪510
電話：0744-42-6022
営業時間：9:00～17:00／定休日：日曜

10

素麺

SOUMEN

日本酒とともに三輪が発祥の地とされる素麺。奈良県産のものは、三輪素麺と呼ばれる。奈良時代に遣唐使により、小麦栽培、製粉技術、製麺方法が伝えられたとされている。また、唐から伝来した唐菓子の索餅が原型とする説もある。

素麺は、その細さが商品としての価値となる。昔から、生産者たちは極限までの細さを競ってきた。また、製造から年月が経つと、コシの強さが増すともいわれている。大神神社祭神は素麺作りの守護神とされ、毎年2月5日には、その年の生産者と卸業者の初取引の卸値の参考価格を神前で占う「卜定祭」が営まれている。三輪周辺には、多くの素麺のメーカーや食事処が点在する。中でも、『三輪山本』は、江戸時代中期の1717年創業という歴史を誇る老舗メーカー。オンラインショップがあり、手軽に通販で伝統の味を求めることができる。また、本社には、食事処も併設しているので、大神神社参拝の折に訪ねてみるのもよい。

▲冷たい素麺。温かいにゅうめんも人気がある。

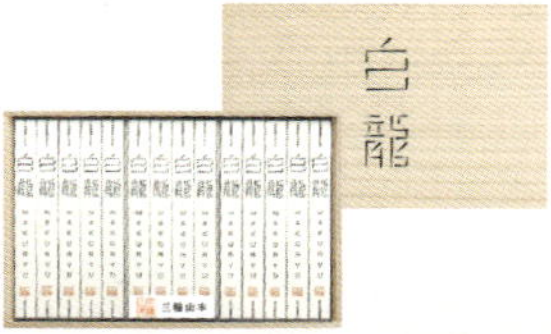

▲三輪山本の素麺。専用の小麦粉を使用した細くコシがある極細素麺。

株式会社 三輪山本
住所：奈良県桜井市箸中880
電話：0744-43-6661
営業時間：11:00～15:30（L.O.）／定休日：不定休

メインディッシュは、五條大塔村で獲れた鹿のロティ。苦みを感じさせる、フキノトウのソース。
付け合わせは、十津川のナメコのペーストと、シイタケ、ムラサキニンジン。

《 橿原市 》

Tama

タマ

| フランス料理 |

伝統的な街並みの中で堪能する、ヘルシーなフレンチ

近世に自治都市として繁栄し、今も当時の面影を色濃く残す今井町。そんな、街並みの一画にあるフランス料理店。オーナーシェフの南部礼一郎さんは、東京でのパティシエとフレンチの料理人を経て、都会から離れた田舎での開業を目指した。そうして、奥様の実家である奈良県の今井町の町家に心惹かれ、リニューアルの末、7年ほど前に独立を果たした。

南部さんの料理は、動物性油脂は少なめに、植物性油脂がほとんどの、食べて美味しく、健康に良いフレンチ。そのため、食材は、できるかぎり生産者の顔が見えることが望ましかった。都会でなく、田舎にこだわったのも、そうした理由から。料理に用いる食材は、奈良県を含め、その近郊のものがほとんど。ただし、魚介は、全国の漁港から直送されたものを使用している。

今井町は、明日香や吉野に近く、観光にも便利な場所。まるで、江戸時代にタイムスリップしたかのような雰囲気の中で、洗練されたフレンチを堪能するひとときを。

▶前菜のイイダコの一皿。頭はコールラビーのペーストをのせてグリル、足はドライトマトソースであえる。ソースは、ムラサキダイコンのピューレ、豆のツルなどを添えて。

▼デザートは、チーズフラン。季節のフルーツ、あすかルビーのフレッシュ・ソルベ・ドライ、天理のハッサク、ハイビスカスのグラニテと春から初夏の装い。

▲梁を生かした重厚な中にも、奥庭からの光が入る明るい店内。

▲店名は、漢字の「玉」が由来。お店にかかわる人のすべてが宝物の「玉」という意味だそう。

MENU

◆ランチ

シェフのおまかせコース ………… 3,000円

シェフのおまかせコース ………… 4,500円

◆ディナー

シェフのおまかせコース ………… 5,000円

（※料金は、すべて税別）

写真はすべてシェフのおまかせコース5,000円から。前菜、メイン料理など5皿に、デザート、コーヒー・紅茶。

▲外観は、今井町に伝わる伝統的な町家そのもの。

☎：0744-24-8868

住所：奈良県橿原市今井町4-5-14
アクセス：近鉄八木西口駅から徒歩約10分
営業時間：11:30～14:00（L.O.）、17:30～20:00（L.O.）
定休日：水曜
カード：不可
席数：22席（テーブル22席）
喫煙：全席禁煙
予約：要予約
料金の目安：昼3,000円～、夜5,000円～
駐車場：なし
HP：http://www.imaicho-tama.com

▼お店を切り盛りする、オーナーシェフの南部礼一郎さんと奥様の純枝さん。

お造りの盛合せ。加太のタイ、熊野のカツオ、アカガイ、淡路島のハリイカ、トリガイ、和歌山のクルマエビ、明石のイイダコ。

橿原市

割烹 利助

かっぽう りすけ

日本料理

天然魚を味わうならここで。魚の目利きのご主人が腕を振るう

大和野菜、大和牛、大和肉鶏など、優れた食材が注目される奈良。しかし、奈良には当然のごとく海がない。だから、奈良人にとって海の恵みは羨望の的だった。レストランや割烹でよく耳にするのが、「奈良の人は魚にうるさい」という話。そんな奈良の魚好きたちを虜にしているのが、橿原市にある『割烹 利助』だ。

ご主人の福井利之さんは、京都、大阪で料理人としてのキャリアを積み、1983年に小さなカウンター割烹を開店。そして、24年前に、新ノ口駅近くに今のお店を新築、オープンした。

料理の要は、ずばり天然魚。「契約している漁師や釣り仲間から送られてくる天然魚だけを扱っています」。季節になると、鰻やアユなどの天然の川魚も扱う。

こうした魚介を、予算に応じて主にコース仕立てで提供。「いい魚は、シンプルが一番」。魚を知り尽くした包丁さばきと調理法で、その旨味を最大限に引き出す。とびきりの魚を食べたいと思ったら、迷わず『利助』の暖簾を目指そう。

▲少人数の集まりにはテーブル席が用意される。

▲特別な日の利用には、座敷もおすすめ。

▲八寸。アカガイ、ホタルイカ、タケノコ、サバ寿司、イイダコ、鯛の子など、季節の食材を彩りよく盛り込む。

▲お椀は、葛打ちした淡路島のアブラメ。胡麻豆腐、鶯菜など。

MENU

◆ランチ

ミニコース …… 3,000円

会席 …… 4,500円～

◆ディナー

日々の旬のおまかせお料理 …… 6,000円～

活鰻と天然アユのコース（夏季） …… 時価

活河豚と活蟹の食べくらべコース（冬季） …… 時価

（※料金は、すべて税別）

写真はすべてディナーコース15,000円から。

◀蔵を思わせる外観が印象的。

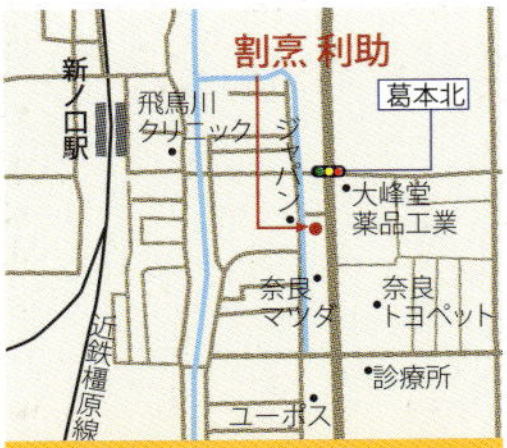

☎：0744-23-9307

住所：奈良県橿原市葛本町497-5
アクセス：近鉄新ノ口駅から徒歩約3分
営業時間：11:30～14:00（L.O.）、17:30～21:00（L.O.）
定休日：不定休
カード：不可
席数：30席（カウンター6席、座敷24席）
喫煙：可
予約：ベター
料金の目安：昼4,500円～、夜8,000円～
駐車場：なし
HP：http://www.kappou-risuke.com/

▼ご主人の福井利之さん。自ら釣りあげた魚が献立にのることもある。

朝採り橿原産の極太アスパラと新たまねぎのロースト。モンペリアール産牛フィレのポアレ。
地元橿原の農家から仕入れたアスパラガスを中心に新たまねぎの甘さも。お肉のソースは、マデラソース。

《 橿原市 》

Restaurant Pinot Noir

レストラン ピノ・ノワール

| フランス料理 |

野菜がたっぷり盛り込まれる、風土の香り豊かなフレンチ

オープンから23年、奈良県でも有数のキャリアを誇るフランス料理店として、県内外のファンから親しまれる。

お店を切り盛りするのは、オープン以来、オーナーシェフの小松郁雄さんとマダムのお二人。ともに歳月を重ねる常連客に寄り添うように、野菜たっぷりの優しい料理は、奈良のフレンチシーンを語るうえで、欠かせない存在となっている。

料理に盛り込まれる野菜は、近隣の直売所や農家から直接仕入れる。どれも生産者の顔がみえる、安心で滋味深い野菜たちだ。そうした野菜とペアリングするのが、これも地元奈良やその近郊の大和牛やまほろば牛、郷ポーク。そして、ハモやマナガツオ、トキシラズなど、季節ごとに旬を迎える魚介たち。こうした食材を、前菜に、メインにと、彩りも鮮やかな、創意に富んだ一皿に仕上げていく。

どの皿も、季節感と風土の香り豊かな、素材の旨味を最大限に引き出した逸品。「優しくて、美味しいフレンチ」として、食通たちの舌をうならせている。

▲アマダイのうろこ揚げ、グリーンオリーブのソース。口に入れた時のバランスを考え、不必要なウロコを取り除く。揚げてから天火焼で仕上げ、サクサク感をだす。

▲フランス産ホワイトアスパラガスのスープ。甘エビのセルクルとキャビア添え。春の訪れを感じさせるフランス産のフレッシュなホワイトアスパラ、甘エビの甘味、キャビアの塩味をコンソメでさらに味わい深く。

▲著名な空間デザイナーが設計を手掛けたモダンな店内。

▲落ち着いたテーブル席は、記念日の食事会にも最適。

◀23年目を迎える、奈良でも歴史を誇るフランチの一軒。

MENU

◆ランチ

シェフのおまかせコース	6,000円

◆ディナー

シェフのおまかせコース	6,000円
オードブルの盛合せ	1,500円

◆ドリンク

グラスワイン	700円
ボトルワイン	3,500円

（※料金は、すべて税別・サービス料別）

写真はすべてシェフのおまかせコースから。

☎：0744-29-4714

住所：奈良県橿原市新口町102-10
アクセス：近鉄新ノ口駅から徒歩約5分
営業時間：12:00～14:30（L.O.）、18:00～21:00（L.O.）
定休日：第1・3火曜、第2・4月曜、不定期で2日
カード：可
席数：17席（テーブル17席）
喫煙：全席禁煙
予約：要予約
料金の目安：昼4,000円～、夜6,000円～
駐車場：5台
HP：なし

▼オーナーシェフの小松郁雄さん。地元生産者との絆を大切にしたフレンチを提供。

奈良県野菜の田園仕立（2人分）。旬の奈良野菜 25 種類が彩り豊かに盛り付けられる。
季節によって使用される野菜は異なる。地元の味噌とタプナードを合わせたソースをつけていただく。

《 桜井市 》

L'AUBERGE DE PLAISANCE 桜井

おーべるじゅ・ど・ぷれざんす さくらい

| フランス料理 |

古代の風を感じながら、豊潤な土の香りがするフランス料理を

日本の古代国家発祥の地ともされる桜井にあり、全9室の客室とレストランで構成される奈良県初の本格的オーベルジュ。

オーベルジュが建つのは、明日香村や山の辺の道、さらには、奈良市内を遠望できる小高い丘の上。美しく、のどかな田園風景が一望でき、悠久の時を吹き抜ける心地よいそよ風を感じられる。穏やかな時の流れを感じつつ、心からリラックスして滞在ができるのが、このオーベルジュの大きな魅力だ。そして、『ひらまつ』の経営だけに、もうひとつの魅力は、この宿で供される料理であることはいうまでもない。

シェフの小林達也さんは、『ひらまつ』の国内外のレストランに勤務し、料理長も務めてきた。フランス料理をベースにしながら、コンセプトに「奈良を美味しく食べていただくこと」を掲げる。赴任する前から奈良の食材について勉強を始め、食材とその生産者を訪ねて回ったという。そして、オープンして2年近く経過した現在でも、その思いは尽

▲ガーデニングと名付けられた前菜で、夏の庭をイメージ。大和まなを粉にして生地に練り込んだパンで架空の植物を。植木鉢の中にはフロマージュブランのムースと土に見立てたブラックオリーブが。器とスプーン以外はすべて食べられる。

▲宇陀金ゴボウに明日香村のニンジンを練り込んだ生地のコルネ。中には、それぞれのピューレを使ったクリームを入れ、オマールエビ、生ハム、香草を刺す。黒い木を畑に見立て、食べ手に収穫してもらうイメージに。

▲デザートは、奈良名産のイチゴである古都華を使用。イチゴは、あすかルビーと古都華のうち、時期で美味しい方を用いる。素麺を刺してアクセントを。

▲メインディッシュの大和牛のロースト。たっぷりの野菜とトリュフを添えて。野菜は、火を入れて美味しいもの。ソースは、キクチイモのピューレ。肉類は、ヤマトポーク、大和肉鶏、倭鴨も多く使われる。

きることがなく、あくなき探求心で新たな食材との出合いを求め、積極的に行動している。

「奈良には素晴らしい食材がたくさんあります。野菜はもとより、大和牛、大和ポーク、大和肉鶏、味噌、醤油、お酒、奈良漬、素麺と、あげればきりがないほど」と小林シェフ。そうした食材を、繊細な手法を用いて、その魅力を存分に表現した料理に仕上げていく。中には、フレンチの枠を越え、和そのものの調理も行う。「素晴らしい食材に、余計な手を加える必要がない」。そこには、奈良の食材に対する敬意があふれている。

「近くには、明日香や吉野などの歴史ある土地、多くの神社やお寺、古墳もあります。ここを拠点に今まで知らなかった奈良を体験していただきたい。料理でも、新しい奈良の味を召し上がっていただきます」。毎朝、朝採れの野菜を求めに、明日香村の直売所まで足を運ぶという小林シェフ。「よろしかったら、ご一緒にいかがですか」。これこそが、このオーベルジュのコンセプトそのものだ。

◀エグゼクティブスイートのテラス。目の前には、田園風景。古代の風が吹き抜ける。

▼エントランス。これから始まるに宿泊に料理に、期待が膨らむ。

◀リラックスした睡眠が約束されるベッドルーム。（エグゼクティブスイート）

▲リビングルームとベッドルームに分かれた贅沢な造り。（エグゼクティブスイート）

MENU

◆ランチ

コース	5,000円
コース	7,000円

◆ディナー

コース	9,000円
コース	12,000円
コース	15,000円

（※料金は、すべて税別・サービス料別）

写真はすべてディナーコース 12,000 円から。

◀広いガラスから明るい陽光が射し込むレストラン棟。

住所：奈良県桜井市高家2217
アクセス：桜井駅から車約10分
営業時間：12:00～13:30、17:30～20:00（レストラン）
定休日：月曜、火曜の昼（レストラン）
カード：可
席数：42席（テーブル42席）
喫煙：全席禁煙（レストラン）
予約：要予約
料金の目安：51,140円～（ツインルーム1泊2食付・2名）
駐車場：有り
HP：http://www.hiramatsuhotels.com/plaisance-sakurai/

▼シェフの小林達也さん。奈良の土地と食材を愛してやまない。

美食と歴史の融合・奈良

本書は、奈良県下の美食どころを、エリア毎に紹介しています。取材を通じて、さまざまなジャンルの料理人の皆さんのお話を伺いました。その中で、多く聞いたのが「料理だけでなく、奈良そのものも味わって欲しい」という言葉でした。これは、奈良の食シーンの特徴をよく表す言葉だと思います。同じように歴史と深いかかわりをもつ京都でもこのような言葉は聞いたことがありません。それほど、奈良は歴史と深く結びついている土地であり、奈良の料理人たちがいかに奈良の全体像を背景にして、日々調理に勤しんでいるかが理解できました。

取材に快く協力していただいた皆さんのご意見に従い、いくつかのエリアについて簡単に述べたいと思います。「美食と歴史の融合」というテーマのもと、奈良を観光で訪れた方はもちろん、奈良やその近郊在住の方も、奈良再発見という意味で参考にしていただけたらうれしい限りです。

◉ ならまち

元興寺の旧境内を中心とするエリアで、本書の中で紹介した飲食店が最も多い場所です。江戸時代の街並みが色濃く残り、伝統的な町家も多く、独特の風情が感じられます。エリアのあちこちに、町家を再生したカフェや雑貨店が点在し、食事の前後のティータイムや買い物がおすすめ。また、雰囲気ある町並みは、静かな散策に適しています。

▲ならまち界隈。

◉ 柳本町（天理市）

卑弥呼の鏡といわれる三角縁神獣鏡が見つかった黒塚古墳をはじめ、柳本古墳群があります。天理市から桜井市の間は、山の辺の道が走り、多くのハイカーで賑わいをみせます。沿道には、数多くの寺社や古墳が多く点在し、自然も豊かです。

◉ 橿原市

奈良の前に都がおかれた藤原京跡、神武天皇を祀る橿原神宮などがあり、明日香や吉野の入り口にあたります。今井町には江戸時代の古い町並みが往時のままに残り、まるで江戸時代にタイムスリップしたかのようです。

◉ 奈良公園

言わずと知れた奈良の観光スポット。東大寺、興福寺、春日大社と世界的な寺社が集まり、奈良名物のシカもたくさん。昼間は世界中から訪れた観光客で大変な賑わいをみせます。寺社の見学はもちろんですが、ここで感じ取ってほしいのが、奈良の自然と広大さ。特に、若草山から春日原生林は、神々が棲む聖域とされ、早朝や夕刻に、時として神秘的な表情をみせます。

▲奈良公園の子鹿。

◉ 大和郡山市

戦国時代から大和の要衝とされた城下町。豊臣秀吉の弟大和大納言秀長が城下町を整備し、江戸時代は有力な譜代大名が統治しました。見どころは、郡山城跡と街のあちこちに残る城下町の面影。特に、紺屋町は藍染に利用した紺屋川の両側に古い町並みが残ります。

▲大和郡山・紺屋町界隈。

◉ きたまち

広い意味では、ならまちに含まれますが、近鉄奈良駅より北側、奈良女子大学あたりのエリアを指します。昨今、古民家を再生したカフェやギャラリー、さらにはブティックなど個性豊かなお店が増え、奈良の新しいおしゃれスポットとして注目を集めています。そうした街並みを意識しつつ、本書で紹介した飲食店を訪ねてみてください。

◉ 桜井市

日本の古代国家発祥の地とも目され、邪馬台国に推定される纒向遺跡、平安貴族が参詣した長谷寺、日本最古級の神社、大神神社など名所、旧跡がたくさん。奈良以前の宮都の地、明日香にも近く、史跡めぐりの他、農産物の直売所などが楽しめます。

▲明日香村の風景

Author
Editor in Chief
高野晃彰

Editor
高野えり子（デザインスタジオタカノ）

Writer
金子 任

Art Direction
今岡祐樹（ガレッシオデザイン有限会社）

Design
ガレッシオデザイン有限会社

Photographer
高野 晃彰
北 哲章
今岡 祐樹（ガレッシオデザイン有限会社）

SHOP MAP & 奈良広域 MAP Illustration
高野えり子（デザインスタジオタカノ）

Reading
岩田 涼子

奈良 こだわりの美食GUIDE
至福のランチ&ディナー

2018年6月20日　第1版・第1刷発行

著　者　大和美食探究会（やまとびしょくたんきゅうかい）
発行者　メイツ出版株式会社
　　　　代表者　三渡　治
　　　　〒102－0093　東京都千代田区平河町一丁目1-8
　　　　TEL：03-5276-3050（編集・営業）
　　　　　　　03-5276-3052（注文専用）
　　　　FAX：03-5276-3105
印　刷　三松堂株式会社

●定価はカバーに表示してあります。
ISBN978-4-7804-2037-1 C2026 Printed in Japan.

ご意見・ご感想はホームページから承っております
メイツ出版ホームページアドレス　http://www.mates-publishing.co.jp/

編集長：折居かおる　　企画担当：堀明研斗